Umění vaření pod vakem

Moderní technika pro dokonalé jídlo

Martin Skuravy

Obsah

Telecí řízky s pepřem a borovými houbami 9
Telecí řízky 11
Telecí omáčka s portským vínem 12
hovězí portobello 14
telecí omáčka 16
Dijonská telecí játra 18
Africké jehněčí kotlety s meruňkami 20
Mátové jehněčí kousky s ořechy 22
Jehněčí řízek marinovaný v hořčici a medu 24
Jehněčí masové kuličky s jogurtovou omáčkou 26
Jehněčí rýže s pikantní plec 28
Chilli jehněčí kotlety se sezamovým semínkem 30
Sladké jehněčí s hořčičnou omáčkou 31
Jehněčí citronová máta 33
Citronové jehněčí kotlety s omáčkou Chimichurri 35
Jehněčí kýta se zeleninou a sladkou omáčkou 37
Slanina a jehněčí guláš 39
Jehněčí kotletky s paprikou a papájou 41
Pikantní jehněčí špízy 43
Herby jehněčí se zeleninou 45
Jehněčí rošt s česnekem 47
Jehněčí pečeně s bylinkami 49

Oblíbené jsou jihoafrické jehněčí a třešňové špízy 52
Jehněčí a pepřové kari 54
Jehněčí žebírka s kozím sýrem 56
jehněčí plec 58
Jalapeňo jehněčí pečeně 60
Grilované jehněčí kotlety s tymiánem a šalvějí 62
Jehněčí kotletky s bazalkou Chimichurri 64
Vytvrzené jehněčí špízy Harissa 66
Sladké hořčičné vepřové maso s křupavou cibulkou 68
Lahodné vepřové kotlety s bazalkou a citronem 70
Žebra s čínskou omáčkou 72
Vepřový a fazolový guláš 74
Nakrájejte vepřová žebra 76
Balsamico vepřové kotlety 77
Vepřová žebírka bez kosti s kokosovo-arašídovou omáčkou 79
Vepřová panenka s limetkou a česnekem 81
BBQ vepřová žebra 83
Javorová svíčková s dušenými jablky 84
Uzený bůček s paprikou 86
Vepřové Carnitas Tacos 88
Pikantní vepřové maso s melasovou hořčičnou polevou 89
smažená vepřová krkovice 91
Vepřová žebra 93
Vepřové kotlety s tymiánem 94
Vepřová žebra 95
Masové kuličky ze šalvěje a moštu 97
Vepřová panenka s rozmarýnem 99

Papriková pancetta s perličkovou cibulkou 100
Vepřové kotlety s rajčaty a bramborovou kaší 101
Toasty s vejci a křupavou slaninou 103
Pikantní svíčková se sladkou papájovou omáčkou 104
Lahodné brambory a slanina s cibulí 106
křupavé vepřové kousky 108
Sladké vepřové kotlety s hruškou a mrkví 110
Vepřové a houbové ramen nudle 112
Lahodná panenka s avokádovou omáčkou 114
Grilované maso s koriandrem a česnekem 115
hovězí rib eye steak 117
Tradiční francouzský steak 119
Hovězí filet s chipotle a kávou. 121
perfektní grilovaný steak 123
Hovězí svíčková s chilli 125
Tamari steak s míchanými vejci 127
Lahodné středomořské masové kuličky 129
Plněné papriky 131
Plněné hovězí burgery na francouzský způsob 133
Lahodné uzené hovězí hrudí 135
Dijonská klobása a kari kečup hovězí maso 137
Tříbodový steak s česnekem a sójou 138
Smažená korejská marinovaná hovězí krátká žebra 139
Karibský chilli steak Tacos 141
Lahodná žebírka s BBQ omáčkou 143
Pikantní hovězí svíčková 145
Herbyho steak ze sukně 147

masové kuličky s chilli	149
Žebra pečená s rajčaty a jalapeňo	151
Řecké masové kuličky s jogurtovou omáčkou	152
Svíčková s chilli	154
Grilovaná hovězí hruď	156
Steaky ze svíčkové s houbovou smetanovou omáčkou	157
Základní žebro s celerovou bylinkovou krustou	159
Hovězí steak se šalotkou a petrželkou	161
Strouhaný grilovaný steak	162
obyčejné uzené hovězí maso	163
Pečený rajčatový hřbet na ohni	164
Svíčková s tuřínovým pyré	166
Flank steak se smaženými rajčaty	168
Hovězí filet s hruškou	170
Telecí plec s houbami	172
Houby plněné rajčaty	174
Klasický hovězí guláš	176
česnekové hamburgery	178
dušené hovězí mleté maso	180
Hovězí svíčková v rajčatové omáčce	182
Telecí maso s cibulí	184
česneková žebra	186
Hovězí steak s baby karotkou	187
Hovězí žebra na červeném víně	189
Hovězí maso s pepřem	191
hovězí stroganoff	193
Masové kousky s teriyaki omáčkou a semínky	195

Steak z citronu a pepře 197
Hovězí a zeleninový guláš 199
Pikantní hovězí steak 201
Worcestershire Meat Pie 202
Opilý rostbíf 204
Vynikající steaková rolka se sýrem 205
Honey-Dijon hruď 207
Ribeye Stew s rozmarýnem 209
Božská panenka s batátovým pyré 211
Telecí koláč s houbami 212
Klasické cheeseburgery 214

Telecí řízky s pepřem a borovými houbami

Příprava + doba vaření: 3 hodiny 15 minut | Porce: 5

Ingredience:

500 g telecích kousků
1 libra borových hub, nakrájených na plátky
½ šálku čerstvě vymačkané citronové šťávy
1 polévková lžíce bobkových listů, nasekaných
5 kuliček pepře
3 polévkové lžíce rostlinného oleje
2 lžíce extra panenského olivového oleje
Sůl a černý pepř podle chuti

adresy:

Připravte si vodní lázeň, umístěte do ní Sous Vide a nastavte ji na 154F.

Masové kuličky ochutíme solí a pepřem. Vložte do vakuově uzavřeného sáčku v jedné vrstvě spolu s citronovou šťávou, bobkovým listem, kuličkami pepře a olivovým olejem. Uzavřete sáček.

Sáček ponořte do vodní lázně a vařte 3 hodiny. Vyjměte z vodní lázně a dejte stranou. Zahřejte rostlinný olej ve velké pánvi.

Přidejte borové houby a vařte se špetkou soli na středním plameni, dokud se všechna tekutina neodpaří. Přidejte kousky telecího masa s marinádou a pokračujte ve vaření další 3 minuty. Ihned podávejte.

Telecí řízky

Příprava + doba vaření: 2 hodiny 40 minut | Porce: 4

Ingredience:

2 (16 uncí) hovězí svíčkové
Sůl a černý pepř podle chuti
2 lžíce olivového oleje

adresy:

Připravte si vodní lázeň, umístěte do ní Sous Vide a nastavte ji na 140 F. Hovězí maso potřete pepřem a solí a vložte do vakuového sáčku. Uvolněte vzduch pomocí metody vytlačení vody a utěsněte sáček. Namočte do vodní lázně. Nastavte časovač na 2 hodiny a 30 minut. Kuchař.

Když se časovač zastaví, vyjměte a otevřete sáček. Telecí maso vyjmeme, osušíme papírovou utěrkou a potřeme olivovým olejem. Zahřívejte pánev na vysokou teplotu po dobu 5 minut. Přidejte steak a opečte ho z obou stran do tmavě hnědé. Vyjměte na servírovací desku. Podáváme se salátem.

Telecí omáčka s portským vínem

Příprava + doba vaření: 2 hodiny 5 minut | Porce: 6

Ingredience

3 lžíce másla

¾ šálku zeleninového vývaru

½ šálku portského vína

¼ šálku nakrájených hub shiitake

3 lžíce olivového oleje

4 stroužky česneku, nakrájené

1 pár, pouze bílá část, nakrájená

Sůl a černý pepř podle chuti

8 kusů telecího masa

1 snítka čerstvého rozmarýnu

Adresy

Připravte si vodní lázeň a umístěte do ní Sous Vide. Nastavte na 141 F. Vmíchejte vývar, portské, houby, máslo, olivový olej, česnek, pórek, sůl a pepř. Vložte hovězí maso do velkého uzavíratelného sáčku. Přidejte rozmarýn a promíchejte. Uvolněte vzduch pomocí metody vytlačení vody, utěsněte a ponořte sáček do vodní lázně. Vařte 1 hodinu a 45 minut.

Po dokončení vyjměte telecí maso a osušte. Rozmarýn vyhoďte a šťávu z vaření nalijte do hrnce. Vařte 5 minut. Přidejte hovězí maso a vařte 1 minutu. Podáváme přelité omáčkou.

hovězí portobello

Příprava + doba vaření: 2 hodiny 10 minut | Porce: 4

Ingredience:

2 libry telecích řízků
1 šálek hovězího vývaru
4 žampiony portobello, nakrájené na plátky
1 lžička česnekového prášku
1 polévková lžíce sušeného oregana
3 lžíce balzamikového octa
2 lžíce olivového oleje
Sůl a černý pepř podle chuti

adresy:

Připravte si vodní lázeň, umístěte do ní Sous Vide a nastavte ji na 140F.

V misce smíchejte hovězí a houbový vývar, česnekový prášek, oregano, balzamikový ocet, olivový olej a sůl. Každý kousek touto směsí dobře potřete a vložte do velkého vakuově uzavřeného sáčku v jedné vrstvě. Zalijeme zbylou marinádou a uzavřeme. Ponoříme do vodní lázně a vaříme 2 hodiny.

Když se časovač zastaví, vyjměte masové kuličky ze sáčku a osušte je. V hrnci vaříme šťávu asi 4 minuty. Přidejte masové kuličky a vařte 1 minutu. Přeneste na talíře. Telecí maso přelijeme omáčkou a podáváme.

telecí omáčka

Příprava + doba vaření: 1 hodina 40 minut | Porce: 3

Ingredience:

½ libry telecích kotlet

Sůl a černý pepř podle chuti

1 šálek žampionů, nakrájených na tenké plátky

⅓ šálku husté smetany

2 šalotky, nakrájené na tenké plátky

1 lžíce nesoleného másla

1 snítka lístků tymiánu

1 lžíce nasekaného česneku na ozdobu

adresy:

Připravte si vodní lázeň a umístěte do ní Sous Vide. Nastavte na 129 F. Kotlety potřete česnekem a solí a vložte telecí maso do vakuového sáčku se všemi zbývajícími uvedenými ingrediencemi kromě jarní cibulky.

Odvzdušněte vzduch pomocí metody vytlačení vody a utěsněte. Namočte do vodní lázně. Nastavte časovač na 1 hodinu 30 minut a vařte.

Po dokončení vyjměte sáček a vyjměte telecí maso na talíř. Nalijte omáčku do pánve, vyhoďte tymián a vařte 5 minut. Přidejte hovězí maso a vařte 3 minuty. Ozdobte pažitkou. Účastnit se.

Dijonská telecí játra

Příprava + doba vaření: 85 minut | Porce: 5

Ingredience:

2 libry hovězích jater, nakrájených na plátky
2 lžíce dijonské hořčice
3 lžíce olivového oleje
1 polévková lžíce jemně nasekaného koriandru
1 lžička čerstvého rozmarýnu, jemně nasekaného
1 stroužek česneku, nasekaný
½ lžičky tymiánu

adresy:

Udělejte vodní lázeň, naplňte ji Sous Vide a nastavte ji na 129 F. Játra dobře opláchněte pod studenou tekoucí vodou. Ujistěte se, že jste smyli všechny stopy krve. Osušte kuchyňským papírem. Ostrým kuchyňským nožem odstraňte případné žilky. Krájíme příčně na tenké plátky.

V malé misce smíchejte olivový olej, česnek, koriandr, tymián a rozmarýn. Míchejte, dokud se dobře nespojí. Plátky jater hojně potřete touto směsí a dejte na 30 minut do lednice.

Vyjměte z lednice a vložte do velkého vakuově uzavřeného sáčku. Ponořte uzavřený sáček do vodní lázně a nastavte časovač na 40 minut. Po dokončení otevřete sáček. Velkou pánev vymažte trochou oleje a přidejte plátky hovězích jater. Smažte krátce z obou stran 2 minuty. Podávejte s kyselou okurkou.

Africké jehněčí kotlety s meruňkami

Příprava + doba vaření: 2 hodiny 15 minut | Porce: 2

Ingredience

2 kusy jehněčího hřbetu
Sůl a černý pepř podle chuti
1 lžička směsi koření
4 meruňky
1 polévková lžíce medu
1 lžička olivového oleje

Adresy

Připravte si vodní lázeň a umístěte do ní Sous Vide. Nastavte na 134F.

Jehněčí maso osolíme a opepříme. Jehněčí kotlety obalte směsí koření a vložte do vakuového sáčku. Přidejte meruňky a med. Uvolněte vzduch pomocí metody vytlačení vody, utěsněte a ponořte sáček do vodní lázně. Vařte 2 hodiny.

Když se časovač zastaví, vyjměte masové kuličky a osušte. Rezervujte si meruňky a tekutinu na vaření. Zahřejte pánev na střední teplotu a jehněčí maso opečte z každé strany 30 sekund. Přendejte na talíř a nechte 5 minut chladnout. Zalijte tekutinou na vaření. Ozdobte meruňkami.

Mátové jehněčí kousky s ořechy

Příprava + doba vaření: 2 hodiny 35 minut | Porce: 4

Ingredience

500 g jehněčích kotlet

Sůl a černý pepř podle chuti

1 šálek čerstvých lístků máty

½ šálku kešu

½ šálku čerstvé, balené petrželky

½ šálku pažitky, nakrájené

3 lžíce citronové šťávy

2 stroužky česneku nakrájené

6 lžic olivového oleje

Adresy

Připravte si vodní lázeň a umístěte do ní Sous Vide. Nastavte na 125 F. Jehněčí osolte a opepřete a vložte do vakuově uzavřeného sáčku. Uvolněte vzduch pomocí metody vytlačení vody, utěsněte a ponořte sáček do vodní lázně. Vařte 2 hodiny.

Smíchejte mátu, petržel, kešu oříšky, jarní cibulku, česnek a citronovou šťávu v kuchyňském robotu. Přidejte 4 lžíce olivového oleje. Dochuťte solí a pepřem. Když se časovač zastaví, jehněčí vyjměte, potřete 2 lžícemi olivového oleje a přendejte na rozpálený gril. Vařte 1 minutu z každé strany. Podáváme s ořechy.

Jehněčí řízek marinovaný v hořčici a medu

Příprava + doba vaření: 1 hodina 10 minut | Porce: 4

Ingredience

1 jehněčí, ořezaný

3 lžíce medu

2 lžíce dijonské hořčice

1 lžička sherry octa

Sůl podle chuti

2 lžíce avokádového oleje

Nakrájená fialová cibule

Adresy

Připravte si vodní lázeň a umístěte do ní Sous Vide. Nastavte na 135 F. Všechny přísady kromě jehněčího dobře promíchejte. Směsí potřeme jehně a vložíme do vakuového sáčku. Uvolněte vzduch pomocí metody vytlačení vody, utěsněte a ponořte sáček do vodní lázně. Vařte 1 hodinu.

Když se časovač zastaví, jehněčí vyjměte a přendejte na talíř. Rezervujte si šťávy na vaření. Na pánvi na středním plameni rozehřejte olej a jehněčí maso opékejte 2 minuty z každé strany. Nakrájejte a pokapejte šťávou z vaření. Ozdobte červenou cibulí.

Jehněčí masové kuličky s jogurtovou omáčkou

Příprava + doba vaření: 2 hodiny 15 minut | Porce: 2

Ingredience

½ libry mletého jehněčího

¼ šálku nasekané čerstvé petrželky

¼ šálku nakrájené cibule

¼ šálku pražených mandlí, jemně nasekaných

2 stroužky česneku nakrájené

Sůl podle chuti

2 lžičky mletého koriandru

¼ lžičky mleté skořice

1 šálek jogurtu

½ šálku nakrájených okurek

3 lžíce mleté čerstvé máty

1 lžička citronové šťávy

¼ lžičky kajenského pepře

Pita chléb

Adresy

Připravte si vodní lázeň a umístěte do ní Sous Vide. Nastavte na 134 F. Smíchejte jehněčí maso, cibuli, mandle, sůl, česnek, skořici a koriandr. Vytvořte 20 kuliček a vložte je do vakuově uzavřeného sáčku. Uvolněte vzduch pomocí metody vytlačení vody, utěsněte a ponořte sáček do vodní lázně. Vařte 120 minut.

Mezitím si připravte dresink smícháním jogurtu, máty, okurky, kajenského pepře, citronové šťávy a 1 lžíce soli. Když se časovač zastaví, vyjměte kuličky a pečte 3-5 minut. Přelijeme omáčkou a podáváme s pita chlebem.

Jehněčí rýže s pikantní plec

Příprava + doba vaření: 24 hodin 10 minut | Porce: 2

Ingredience

1 pečená jehněčí plec, vykostěná

1 lžíce olivového oleje

1 polévková lžíce kari

2 lžičky česnekové soli

1 lžička koriandru

1 lžička mletého kmínu

1 lžička sušených červených chilli vloček

1 šálek vařené hnědé rýže

Adresy

Připravte si vodní lázeň a umístěte do ní Sous Vide. Nastaveno na 158F.

Smíchejte olivový olej, česnek, sůl, kmín, koriandr a chilli vločky. Marinujte jehněčí maso. Vložte do vakuově uzavřeného sáčku. Uvolněte vzduch pomocí metody vytlačení vody, utěsněte a ponořte sáček do vodní lázně. Vařte 24 hodin.

Po dokončení jehněčí maso vyjmeme a nakrájíme na plátky. Podávejte se šťávou z vaření na rýži.

Chilli jehněčí kotlety se sezamovým semínkem

Příprava + doba vaření: 3 hodiny 10 minut | Porce: 2

Ingredience

2 jehněčí filety
2 lžíce olivového oleje
Sůl a černý pepř podle chuti
2 lžíce avokádového oleje
1 lžička sezamových semínek
Špetka vloček červené papriky

Adresy

Připravte si vodní lázeň a umístěte do ní Sous Vide. Nastavte na 138 F. Vložte jehněčí do vakuově uzavřeného sáčku s olivovým olejem. Uvolněte vzduch pomocí metody vytlačení vody, utěsněte a ponořte sáček do vodní lázně. Vařte 3 hodiny.

Jakmile je hotovo, jehněčí maso osušíme. Dochuťte solí a pepřem. Avokádový olej rozehřejte na pánvi na vysokou teplotu a opečte jehněčí maso. Nakrájejte na kousky velikosti sousta. Ozdobte sezamovými semínky a pepřovými vločkami.

Sladké jehněčí s hořčičnou omáčkou

Příprava + doba vaření: 1 hodina 10 minut | Porce: 4

Jopřísad

1 jehněčí, ořezaný
3 lžíce tekutého medu
2 lžíce dijonské hořčice
1 lžička sherry vinného octa
Sůl podle chuti
2 lžíce avokádového oleje
1 polévková lžíce tymiánu
Opražená hořčičná semínka na ozdobu
nakrájenou zelenou cibulku

Adresy

Připravte si vodní lázeň a umístěte do ní Sous Vide. Nastavte na 135 F. Smíchejte všechny ingredience kromě jehněčího. Vložte jehně do znovu uzavíratelného vakuového sáčku. Uvolněte vzduch pomocí metody vytlačení vody, utěsněte a ponořte sáček do vodní lázně. Vařte 1 hodinu. Když se časovač zastaví, jehněčí vyjměte a přendejte na talíř.

Na pánvi rozehřejte olej a jehněčí maso opékejte 2 minuty z každé strany. Nakrájejte a zalijte šťávou z vaření. Ozdobte zelenou cibulkou a opečenými hořčičnými semínky.

Jehněčí citronová máta

Příprava + doba vaření: 2 hodiny 15 minut | Porce: 2

Ingredience

1 jehněčí jehněčí
Sůl a černý pepř podle chuti
2 snítky čerstvého rozmarýnu
¼ šálku olivového oleje
2 šálky čerstvých fazolí lima, vyloupaných, blanšírovaných a oloupaných
1 polévková lžíce citronové šťávy
1 lžíce čerstvého česneku, nasekaného
1 lžíce nasekané čerstvé petrželky
1 polévková lžíce čerstvé máty
1 nasekaný stroužek česneku

Adresy

Připravte si vodní lázeň a umístěte do ní Sous Vide. Nastavte na 125 F. Jehněčí osolte a opepřete a vložte do vakuově uzavřeného sáčku. Uvolněte vzduch pomocí metody vytlačení vody, utěsněte a ponořte sáček do vodní lázně. Vařte 2 hodiny.

Když se časovač zastaví, vyjměte jehně a osušte. Na grilu rozehřejte 1 lžíci olivového oleje na vysokou teplotu a ochucené jehněčí maso opékejte 3 minuty. Rezervovat a chladit.

Na salát smíchejte fazole, citronovou šťávu, petrželku, pažitku, mátu, česnek a 3 lžíce olivového oleje. Dochuťte solí a pepřem. Jehněčí maso nakrájíme na kousky a podáváme s fazolovým salátem.

Citronové jehněčí kotlety s omáčkou Chimichurri

Příprava + doba vaření: 2 hodiny 15 minut | Porce: 4

Ingredience

4 kusy jehněčí plec
2 lžíce avokádového oleje
Sůl a černý pepř podle chuti
1 šálek jemně lisované čerstvé petrželky, nasekané
2 lžíce čerstvého oregana
1 stroužek česneku nasekaný nadrobno
1 lžíce šampaňského octa
1 polévková lžíce citronové šťávy
1 lžíce uzené papriky
¼ lžičky mleté červené papriky
1/3 šálku soleného másla, změkčeného

Adresy

Připravte si vodní lázeň a umístěte do ní Sous Vide. Nastavte na 132 F. Jehněčí ochuťte solí a pepřem a vložte do uzavíratelného vakuového sáčku. Uvolněte vzduch pomocí metody vytlačení vody, utěsněte a ponořte sáček do vodní lázně. Vařte 2 hodiny.

V misce dobře promíchejte petržel, česnek, oregano, šampaňský ocet, papriku, citronovou šťávu, vločky červené papriky, černý pepř, sůl a změklé máslo. Nechte vychladit v lednici.

Když se časovač zastaví, vyjměte jehně a osušte. Dochuťte solí a pepřem. Avokádový olej rozehřejte na pánvi na vysokou teplotu a jehněčí maso na něm pár minut ze všech stran opečte. Zalijeme máslovou omáčkou a podáváme.

Jehněčí kýta se zeleninou a sladkou omáčkou

Příprava + doba vaření: 48 hodin 45 minut | Porce: 4

Ingredience

4 jehněčí kolínka

2 lžíce oleje

2 šálky univerzální mouky

1 nakrájenou červenou cibuli

4 stroužky česneku, nakrájené a oloupané

4 mrkve, střední kostky

4 střední řapíkatý celer, nakrájený na kostičky

3 lžíce rajčatového protlaku

½ šálku sherry vinného octa

1 šálek červeného vína

¾ šálku medu

1 šálek hovězího vývaru

4 snítky čerstvého rozmarýnu

2 bobkové listy

Sůl a černý pepř podle chuti

Adresy

Připravte si vodní lázeň a umístěte do ní Sous Vide. Nastavte na 155F.

Na pánvi zahřejte olej na vysokou teplotu. Stehna ochutíme solí, pepřem a moukou. Smažíme do zlatohněda. Odložit. Snižte teplotu a 10 minut opékejte cibuli, mrkev, česnek a celer. Dochuťte solí a pepřem. Přidejte rajčatovou pastu a vařte další 1 minutu. Přidáme ocet, vývar, víno, med, bobkové listy. Vařte 2 minuty.

Zeleninu, omáčku a jehněčí dejte do uzavíratelného sáčku. Uvolněte vzduch pomocí metody vytlačení vody, utěsněte a ponořte sáček do vodní lázně. Vařte 48 hodin.

Když se časovač zastaví, odstraňte stonky a sceďte. Rezervujte si šťávy na vaření. Stehna pečeme 5 minut do zlatohněda. Zahřejte hrnec na vysokou teplotu a nalijte do něj šťávu z vaření. Vařte do snížení, 10 minut. Nohy přendejte na talíř a před podáváním pokapejte omáčkou.

Slanina a jehněčí guláš

Příprava + doba vaření: 24 hodin 25 minut | Porce: 6

Ingredience

2 libry vykostěné jehněčí plec, nakrájené na kostičky
4 unce pancetty, nakrájené na proužky
1 šálek červeného vína
2 lžíce rajčatového protlaku
1 šálek hovězího vývaru
4 velké šalotky, nakrájené na čtvrtky
4 baby mrkve, nakrájené
4 stonky celeru, nakrájené
3 stroužky česneku, nakrájené
1 libra brambor, nakrájených podélně
4 unce sušených hub portobello
3 snítky čerstvého rozmarýnu
3 snítky čerstvého tymiánu
Sůl a černý pepř podle chuti

Adresy

Připravte si vodní lázeň a umístěte do ní Sous Vide. Nastavte na 146F.

Rozpalte pánev na vysokou teplotu a opečte slaninu, dokud nezhnědne. Odložit. Jehněčí maso osolte, opepřete a opékejte na stejné pánvi; odložit Zalijte vínem a vývarem a vařte 5 minut.

Do uzavíratelného sáčku vložte vinnou směs, jehněčí maso, pancettu, šťávy na vaření, zeleninu a bylinky. Uvolněte vzduch pomocí metody vytlačení vody, utěsněte a ponořte sáček do vodní lázně. Vařte 24 hodin.

Když se časovač zastaví, vyjměte sáček a nalijte šťávu z vaření do horkého hrnce na střední teplotu a vařte 15 minut. Přidejte jehněčí maso na pár minut dohněda a podávejte.

Jehněčí kotletky s paprikou a papájou

Příprava + doba vaření: 1 hodina 15 minut | Porce: 4

Ingredience

8 kusů jehněčího
2 lžíce olivového oleje
½ lžičky Garam masala
¼ lžičky citronového pepře
Špetka česneku a pepře
Sůl a černý pepř podle chuti
½ hrnku jogurtu
¼ šálku čerstvého koriandru, nasekaného
2 lžíce papájového chutney
1 polévková lžíce kari
1 lžíce najemno nakrájené cibule
Nakrájený koriandr na ozdobu

Adresy

Připravte si vodní lázeň a umístěte do ní Sous Vide. Nastavte na 138 F. Masové kuličky potřete olivovým olejem a posypte Garam Masalou, citronovým pepřem, česnekovým práškem, solí a pepřem. Vložte do vakuově uzavřeného sáčku. Uvolněte vzduch pomocí metody vytlačení vody, utěsněte a ponořte sáček do vodní lázně. Vařte 1 hodinu.

Mezitím si připravte omáčku smícháním jogurtu, papájového chutney, koriandru, kari a cibule. Přeneste na talíř. Když se časovač zastaví, vyjměte jehně a osušte. Zbylý olej rozehřejte na pánvi na středním plameni a jehněčí maso opékejte 30 sekund z každé strany. Přeceďte přes pekáč. Masové kuličky podávejte s jogurtovou omáčkou. Ozdobte koriandrem.

Pikantní jehněčí špízy

Příprava + doba vaření: 2 hodiny 20 minut | Porce: 4

Ingredience

1 libra jehněčí kýty, bez kostí, nakrájená na kostičky
2 lžíce chilli pasty
1 lžíce olivového oleje
Sůl podle chuti
1 lžička kmínu
1 lžička koriandru
½ lžičky černého pepře
řecký jogurt
čerstvé lístky máty k podávání

Adresy

Připravte si vodní lázeň a umístěte do ní Sous Vide. Nastavte na 134 F. Smíchejte všechny přísady a vložte do vakuově uzavřeného sáčku. Uvolněte vzduch pomocí metody vytlačení vody, utěsněte a ponořte sáček do vodní lázně. Vařte 2 hodiny.

Když se časovač zastaví, vyjměte jehně a osušte. Jehněčí maso přendejte na gril a opékejte 5 minut. Zarezervujte a nechte 5 minut odstát. Podávejte s řeckým jogurtem a mátou.

Herby jehněčí se zeleninou

Příprava + doba vaření: 48 hodin 30 minut | Porce: 8)

Ingredience

2 jehněčí stehýnka s kostí
1 plechovka nakrájených rajčat se šťávou
1 šálek hovězího vývaru
1 šálek jemně nakrájené cibule
½ šálku celeru, jemně nakrájeného
½ šálku jemně nakrájené mrkve
½ šálku červeného vína
2 snítky čerstvého rozmarýnu
Sůl a černý pepř podle chuti
1 lžička mleté koria
1 lžička mletého kmínu
1 lžička tymiánu

Adresy

Připravte si vodní lázeň a umístěte do ní Sous Vide. Nastavte na 149F.

Všechny ingredience smíchejte a vložte do uzavíratelného vakuového sáčku. Uvolněte vzduch pomocí metody vytlačení vody, utěsněte a ponořte sáček do vodní lázně. Vařte 48 hodin.

Když se časovač zastaví, odstraňte stonky a přendejte na talíř a dejte na 48 hodin do lednice. Jehněčí maso očistěte, zbavte kostí a tuku a poté nakrájejte na kousky. Do hrnce nalijte libovou kuchařskou šťávu a mleté jehněčí maso. Vařte 10 minut na vysoké teplotě, dokud omáčka nezhoustne. Účastnit se.

Jehněčí rošt s česnekem

Příprava + doba vaření: 1 hodina 30 minut | Porce: 4

Ingredience

2 lžíce másla
2 rošty jehněčího, smažené
1 lžíce olivového oleje
1 lžíce sezamového oleje
4 stroužky česneku, nakrájené
4 snítky čerstvé bazalky, nakrájené na polovinu
Sůl a černý pepř podle chuti

Adresy

Připravte si vodní lázeň a umístěte do ní Sous Vide. Nastavte na 130 F. Jehněčí oko ochuťte solí a pepřem. Vložte do velkého vakuově uzavřeného sáčku. Uvolněte vzduch pomocí metody vytlačení vody, utěsněte a ponořte sáček do vodní lázně. Vařte 1 hodinu a 15 minut.

Když se časovač zastaví, vyjměte stojan a osušte kuchyňskou utěrkou. Na pánvi rozehřejte sezamový olej na vysokou teplotu a grilujte z každé strany 1 minutu. Odložit.

Do pánve přidejte 1 lžíci másla a přidejte polovinu česneku a polovinu bazalky. Kryt na stojanu. Zavřete stojan na 1 minutu. Otočte a přidejte další máslo. Postup opakujte u všech grilů. Nakrájejte na kousky a podávejte 4 kusy na každý talíř.

Jehněčí pečeně s bylinkami

Příprava + doba vaření: 3 hodiny 30 minut | Porce: 6

Ingredience:

<u>jehněčí:</u>
3 velké rošty na jehněčí maso
Sůl a černý pepř podle chuti
1 snítka rozmarýnu
2 lžíce olivového oleje

<u>Bylinková kůra:</u>
2 polévkové lžíce čerstvých listů rozmarýnu
½ šálku makadamových ořechů
2 lžíce dijonské hořčice
½ šálku čerstvé petrželky
2 polévkové lžíce lístků čerstvého tymiánu
2 lžíce citronové kůry
2 stroužky česneku
2 bílky

adresy:

Udělejte vodní lázeň, zapněte Sous Vide a nastavte ji na 140F.

Jehněčí maso osušíme papírovou utěrkou a maso potřeme solí a černým pepřem. Umístěte pánev na střední teplotu a přidejte olivový olej. Když je jehně horké, opečte je 2 minuty z každé strany; odložit

Přidejte česnek a rozmarýn, opékejte 2 minuty a navrch dejte jehněčí maso. Nechte jehněčí 5 minut absorbovat chutě.

Vložte jehněčí maso, česnek a rozmarýn do vakuově uzavřeného sáčku, vytlačte vzduch metodou vytěsňování vody a sáček uzavřete. Ponořte sáček do vodní lázně.

Nastavte časovač na vaření po dobu 3 hodin. Když se časovač zastaví, vyjměte sáček, rozepněte zip a vyjměte jehně. Vyšlehejte bílky a rezervujte.

Zbytek uvedených přísad z bylinné kůry rozmixujte v mixéru a dejte stranou. Jehněčí maso osušíme papírovou utěrkou a potřeme bílkem. Ponoříme do bylinkové směsi a pěkně zalijeme.

Položte jehněčí rošt na plech lícem nahoru. Pečeme v troubě 15 minut. Každý kousek jemně nařízněte ostrým nožem. Podáváme s rozmačkanou zeleninovou slaninou.

Oblíbené jsou jihoafrické jehněčí a třešňové špízy

Příprava + doba vaření: 8 hodin 40 minut | Porce: 6

Ingredience

¾ šálku bílého vinného octa

½ šálku suchého červeného vína

2 nakrájené cibule

4 stroužky česneku, nakrájené

Kůra ze 2 citronů

6 lžic hnědého cukru

2 lžíce kmínu, mletého

1 lžíce třešňového džemu

1 lžíce kukuřičné mouky

1 polévková lžíce kari

1 lžíce strouhaného zázvoru

2 lžičky soli

1 lžička nového koření

1 lžička mleté skořice

4½ lb jehněčí plec, nakrájená na kostičky

1 lžíce másla

6 perlových cibulí, oloupaných a rozpůlených

12 sušených třešní, rozpůlených

2 lžíce olivového oleje

Adresy

Připravte si vodní lázeň a umístěte do ní Sous Vide. Nastavte na 141F.

Důkladně promíchejte ocet, červené víno, cibuli, česnek, citronovou kůru, hnědý cukr, kmín, třešňový džem, kukuřičnou krupici, kari, zázvor, sůl, nové koření a skořici.

Vložte jehně do velkého uzavíratelného sáčku. Uvolněte vzduch pomocí metody vytlačení vody, utěsněte a ponořte sáček do vodní lázně. Vařte 8 hodin. Po 20 minutách rozehřejte máslo v hrnci a 8 minut smažte perličkové cibulky, dokud nezměknou. Rezervovat a chladit.

Když se časovač zastaví, jehněčí vyjměte a osušte kuchyňskou utěrkou. Šťávy na vaření si nechte a přeneste do hrnce na střední teplotu a vařte 10 minut, dokud se nezredukuje na polovinu. Na špíz dejte všechny ingredience na kebab a srolujte. Zahřejte olivový olej na grilu na vysokou teplotu a kebab opékejte 45 sekund z každé strany.

Jehněčí a pepřové kari

Příprava + doba vaření: 30 hodin 30 minut | Porce: 4

Ingredience

2 lžíce másla
2 nakrájené papriky
3 stroužky česneku nasekané
1 lžička kurkumy
1 lžička mletého kmínu
1 lžička papriky
1 lžička strouhaného čerstvého zázvoru
½ lžičky soli
2 lusky kardamomu
2 snítky čerstvého tymiánu
2¼ libry jehněčího vykostěného, na kostky
1 velká cibule nakrájená
3 rajčata, nakrájená
1 lžička nového koření
2 lžíce řeckého jogurtu
1 lžíce nasekaného čerstvého koriandru

Adresy

Připravte si vodní lázeň a umístěte do ní Sous Vide. Nastavte na 179 F. Smíchejte 1 lžíci másla, papriku, 2 stroužky česneku, kurkumu, kmín, papriku, zázvor, sůl, kardamom a tymián. Vložte jehněčí do vakuově uzavřeného sáčku s máslovou směsí. Uvolněte vzduch pomocí metody vytlačení vody, utěsněte a ponořte sáček do vodní lázně. Vařte 30 hodin.

Když se časovač zastaví, vyjměte sáček a odložte jej stranou. Máslo rozehřejte v hrnci na vysokou teplotu. Přidejte cibuli a vařte 4 minuty. Přidejte zbývající česnek a vařte další 1 minutu. Snižte plamen a přidejte rajčata a nové koření. Vařte 2 minuty. Přidejte jogurt, jehněčí maso a šťávu z vaření. Vařte 10-15 minut. Ozdobte koriandrem.

Jehněčí žebírka s kozím sýrem

Příprava + doba vaření: 4 hodiny 10 minut | Porce: 2

Ingredience:

Žebra:

2 jehněčí žebra

2 polévkové lžíce rostlinného oleje

1 nasekaný stroužek česneku

2 lžíce nasekaných listů rozmarýnu

1 polévková lžíce fenyklového pylu

Sůl a černý pepř podle chuti

½ lžičky kajenského pepře

Vyzdobit:

250 g kozího sýra, nakrájeného

2 unce opečených vlašských ořechů, nasekaných

3 lžíce nasekané petrželky

adresy:

Udělejte vodní lázeň, vložte do Sous Vide a nastavte na 134 F. Smíchejte jehněčí ingredience uvedené kromě jehněčího. Jehněčí maso osušíme kuchyňskou utěrkou a potřeme směsí koření. Maso vložte do vakuového sáčku, vytlačením vody vytlačte vzduch, uzavřete a ponořte sáček do vodní lázně. Nastavte časovač na 4 hodiny.

Když se časovač zastaví, vyjměte jehně. Rozpalte gril na vysokou teplotu a přidejte olej. Jehněčí maso opečte dozlatova. Naříznětě žebra mezi kostmi. Ozdobte kozím sýrem, vlašskými ořechy a petrželkou. Podávejte s horkou omáčkou.

jehněčí plec

Příprava + doba vaření: 4 hodiny 10 minut | Porce: 3

Ingredience:

1 libra jehněčí plec, bez kostí
Sůl a černý pepř podle chuti
2 lžíce olivového oleje
1 stroužek česneku, nasekaný
1 snítka tymiánu
1 snítka rozmarýnu

adresy:

Připravte si vodní lázeň a umístěte do ní Sous Vide. Nastavte na 145 F. Jehněčí plec osušte papírovou utěrkou a otřete pepřem a solí.

Jehněčí maso a zbytek uvedených ingrediencí vložte do uzavíratelného sáčku. Uvolněte vzduch pomocí metody vytlačení vody, utěsněte a ponořte sáček do vodní lázně. Nastavte časovač na 4 hodiny.

Po dokončení vyjměte sáček a přendejte jehněčí lopatky do pekáče. Šťávu nalijte do hrnce a na středním plameni vařte 2 minuty. Předehřejte gril na 10 minut a plec grilujte dozlatova a křupava. Jehněčí plec a omáčku podávejte s máslem namazanou zeleninovou slaninou.

Jalapeño jehněčí pečeně

Doba přípravy + vaření: 3 hodiny | Porce: 6

Ingredience:

1 ½ lžičky řepkového oleje
1 polévková lžíce černých hořčičných semínek
1 lžička semínek kmínu
Sůl a černý pepř podle chuti
4 libry jehněčí kýty v motýlu
½ šálku nasekaných lístků máty
½ šálku nasekaných listů koriandru
1 nakrájená šalotka
1 nasekaný stroužek česneku
2 červené jalapenos, nakrájené
1 lžíce červeného vinného octa
1 ½ lžíce olivového oleje

adresy:

Umístěte pánev na mírný oheň na sporák. Přidejte ½ lžíce olivového oleje; Po zahřátí přidejte kmín a hořčičná semínka a vařte 1 minutu. Vypněte oheň a semena přesuňte do misky. Posypte solí a černým pepřem. Směs. Polovinu směsi koření rozetřete do jehněčí kýty a srolujte. Zajistěte řeznickým motouzem v 1-palcových intervalech.

Dochuťte solí a pepřem a promasírujte. Polovinu směsi koření rovnoměrně rozetřete na jehněčí kýtu a poté opatrně srolujte. Udělejte vodní lázeň a umístěte do ní Sous Vide. Nastavte na 145 F. Vložte jehněčí kýtu do vakuově uzavíratelného sáčku, vytlačte vzduch metodou vytěsňování vody, uzavřete a ponořte do vodní lázně. Nastavte časovač na 2 hodiny 45 minut a vařte.

Připravte omáčku; Přidejte šalotku, koriandr, česnek, červený vinný ocet, mátu a červené chilli do směsi s kmínovou hořčicí. Promícháme a dochutíme solí a pepřem. Odložit. Když se časovač zastaví, vyjměte a otevřete sáček. Jehněčí vyjměte a osušte papírovou utěrkou.

Přidejte řepkový olej do litinových pánví, zahřívejte 10 minut na vysokou teplotu. Položte na jehněčí maso a opečte z obou stran. Odstraňte provázek a jehněčí nakrájejte na plátky. Podávejte s omáčkou.

Grilované jehněčí kotlety s tymiánem a šalvějí

Příprava + doba vaření: 3 hodiny 20 minut | Porce: 6

Ingredience

6 lžic másla
4 polévkové lžíce suchého bílého vína
4 lžíce kuřecího vývaru
4 snítky čerstvého tymiánu
2 stroužky česneku nakrájené
1½ lžičky nasekané čerstvé šalvěje
1½ lžičky kmínu
6 kusů jehněčího
Sůl a černý pepř podle chuti
2 lžíce olivového oleje

Adresy

Připravte si vodní lázeň a umístěte do ní Sous Vide. Nastavte na 134F.

Zahřejte pánev na střední teplotu a smíchejte máslo, bílé víno, vývar, tymián, česnek, kmín a šalvěj. Vařte 5 minut. Nechte vychladnout. Jehněčí maso osolíme a opepříme. Vložte do tří vakuově uzavřených sáčků s máslovou směsí. Uvolněte vzduch pomocí metody vytlačení vody, uzavřete a ponořte sáčky do vodní lázně. Vařte 3 hodiny.

Po dokončení jehněčí vyjměte a osušte kuchyňskou utěrkou. Masové kuličky potřete olivovým olejem. Zahřejte pánev na vysokou teplotu a jehněčí opečte 45 sekund z každé strany. Necháme 5 minut odstát.

Jehněčí kotletky s bazalkou Chimichurri

Příprava + doba vaření: 3 hodiny 40 minut | Porce: 4

Ingredience:

<u>Jehněčí kotletky:</u>

3 rošty jehněčího, smažené

3 stroužky česneku, nakrájené

Sůl a černý pepř podle chuti

<u>Basil Chimichurri:</u>

1 ½ šálku čerstvé bazalky, jemně nasekané

2 banánové šalotky, nakrájené na kostičky

3 stroužky česneku nasekané

1 lžička vloček červené papriky

½ šálku olivového oleje

3 lžíce červeného vinného octa

Sůl a černý pepř podle chuti

adresy:

Připravte si vodní lázeň a umístěte do ní Sous Vide. Nastavte na 140 F. Stojany osušte utěrkou a otřete pepřem a solí. Vložte maso a česnek do vakuově uzavíratelného sáčku, vytlačte vzduch metodou vytěsňování vody a sáček uzavřete. Ponořte sáček do vodní lázně. Nastavte časovač na 2 hodiny a vařte.

Připravte bazalkové chimichurri: v míse smíchejte všechny uvedené ingredience. Zakryjte potravinářskou fólií a dejte do chladničky na 1 hodinu a 30 minut. Když se časovač zastaví, vyjměte sáček a otevřete jej. Jehněčí vyjměte a osušte papírovou utěrkou. Spálená hnědá až zlatohnědá. Jehněčí maso přelijte bazalkovým chimichurri. Podávejte s přílohou dušené zeleniny.

Vytvrzené jehněčí špízy Harissa

Příprava + doba vaření: 2 hodiny 30 minut | Porce: 10

Ingredience

3 lžíce olivového oleje
4 lžičky červeného vinného octa
2 lžíce chilli pasty
2 stroužky česneku nakrájené
1½ lžičky mletého kmínu
1½ lžičky mletého koriandru
1 lžička pálivé papriky
Sůl podle chuti
1½ lb vykostěné jehněčí plec, nakrájené na kostičky
1 okurka, oloupaná a nakrájená
Kůra a šťáva z ½ citronu
1 šálek řeckého jogurtu

Adresy

Připravte si vodní lázeň a umístěte do ní Sous Vide. Nastavte na 134 F. Smíchejte 2 lžíce olivového oleje, ocet, chilli, česnek, kmín, koriandr, papriku a sůl. Jehněčí maso s omáčkou vložte do uzavíratelného sáčku. Uvolněte vzduch metodou vytlačení vody, uzavřete a ponořte sáček do vany. Vařte 2 hodiny.

Když se časovač zastaví, jehněčí vyjměte a osušte kuchyňskou utěrkou. Šťávy na vaření zlikvidujte. V malé misce smíchejte okurku, citronovou kůru a šťávu, jogurt a prolisovaný česnek. Odložit. Naplňte špíz jehněčím masem a zatočte.

Na pánvi rozpálíme olej a špízy opékáme z každé strany 1–2 minuty. Přelijeme citronovo-česnekovou omáčkou a podáváme.

Sladké hořčičné vepřové maso s křupavou cibulkou

Příprava + doba vaření: 48 hodin 40 minut | Porce: 6

Ingredience

1 lžíce rajčatové omáčky

4 lžíce hořčice a medu

2 lžíce sojové omáčky

2¼ libry vepřové plec

1 velká sladká cibule, nakrájená na tenké kroužky

2 šálky mléka

1½ šálku univerzální mouky

2 lžičky prášku z granulované cibule

1 lžička papriky

Sůl a černý pepř podle chuti

4 sklenice rostlinného oleje na smažení

Adresy

Připravte si vodní lázeň a umístěte do ní Sous Vide. Nastaveno na 159F.

Hořčici, sójovou omáčku a kečup dobře promíchejte, aby vznikla pasta. Vepřové maso potřeme omáčkou a vložíme do uzavíratelného vakuového sáčku. Uvolněte vzduch pomocí metody vytlačení vody, utěsněte a ponořte sáček do vodní lázně. Vařte 48 hodin.

Příprava cibule: Oddělte cibulové kroužky v misce. Zalijeme je mlékem a necháme 1 hodinu vychladit. Smícháme mouku, cibulový prášek, papriku a špetku soli a pepře.

Zahřejte olej na pánvi na 375 F. Slijte cibuli a přidejte do směsi mouky. Dobře protřepejte a přendejte na pánev. Vařte 2 minuty nebo do křupava. Přendejte na plech a osušte kuchyňskou utěrkou. Postup opakujte se zbývající cibulí.

Když se časovač zastaví, vyjměte vepřové maso a přendejte na prkénko a vytáhněte vepřové maso, dokud se nerozseká. Šťávy na vaření si rezervujte a přeneste do horkého hrnce na střední teplotu a vařte 5 minut, dokud se nezredukuje. Vepřové maso podáváme s omáčkou a ozdobíme křupavou cibulkou.

Lahodné vepřové kotlety s bazalkou a citronem

Příprava + doba vaření: 1 hodina 15 minut | Porce: 4

Ingredience

4 lžíce másla

4 kusy vykostěná vepřová žebra

Sůl a černý pepř podle chuti

1 citronová kůra a šťáva

2 stroužky česneku, nakrájené

2 bobkové listy

1 snítka čerstvé bazalky

Adresy

Připravte si vodní lázeň a umístěte do ní Sous Vide. Upravte na 141 F. Masové kuličky osolte a opepřete.

Masové kuličky s citronovou kůrou a šťávou, česnekem, bobkovými listy, bazalkou a 2 lžícemi másla dejte do uzavíratelného sáčku. Uvolněte vzduch pomocí metody vytlačení vody, utěsněte a ponořte sáček do vodní lázně. Vařte 1 hodinu.

Když se časovač zastaví, vyjměte masové kuličky a osušte je kuchyňskou utěrkou. Rezervujte si bylinky. Zbylé máslo rozehřejte na pánvi na středním plameni a opékejte 1–2 minuty z každé strany.

Žebra s čínskou omáčkou

Příprava + doba vaření: 4 hodiny 25 minut | Porce: 4

Ingredience

1/3 šálku hoisin omáčky
1/3 šálku tmavé sójové omáčky
1/3 šálku cukru
3 lžíce medu
3 lžíce bílého octa
1 polévková lžíce fermentované fazolové pasty
2 lžičky sezamového oleje
2 stroužky česneku, nakrájené
1 palcový kousek strouhaného čerstvého zázvoru
1 ½ čajové lžičky prášku z pěti koření
Sůl podle chuti
½ lžičky čerstvě mletého černého pepře
3 libry dětských zadních žeber
Listy koriandru sloužit

Adresy

Připravte si vodní lázeň a umístěte do ní Sous Vide. Nastaveno na 168F.

V misce smíchejte omáčku Hoisin, tmavou sójovou omáčku, cukr, bílý ocet, med, fazolovou pastu, sezamový olej, prášek z pěti koření, sůl, zázvor, bílý pepř a černý pepř. 1/3 směsi si necháme a zchladíme.

Směsí potřete žebra a rozdělte mezi 3 vakuově uzavíratelné sáčky. Uvolněte vzduch pomocí metody vytlačení vody, uzavřete a ponořte sáčky do vodní lázně. Vařte 4 hodiny.

Předehřejte troubu na 400 F. Když se časovač zastaví, odstraňte žebra a potřete zbývající směsí. Přendejte na plech a vložte do trouby. Pečte 3 minuty. Vyjměte a nechte 5 minut stát. Vystřihněte síťku a zakryjte koriandrem.

Vepřový a fazolový guláš

Příprava + doba vaření: 7 hodin 20 minut | Porce: 8)

Ingredience

2 polévkové lžíce rostlinného oleje
1 lžíce másla
1 vepřový bok nakrájený na kostičky
Sůl a černý pepř podle chuti
2 šálky mražené perlové cibule
2 velké pastináky, nasekané
2 stroužky česneku nakrájené
2 polévkové lžíce univerzální mouky
1 šálek suchého bílého vína
2 šálky kuřecího vývaru
1 plechovka černých fazolí, scezená a propláchnutá
4 snítky čerstvého rozmarýnu
2 bobkové listy

Adresy

Připravte si vodní lázeň a umístěte do ní Sous Vide. Nastavte na 138F.

Rozehřejte nepřilnavou pánev na vysokou teplotu s máslem a olejem. Přidejte vepřové maso. Dochutíme pepřem a solí. Vařte 7 minut. Přidejte cibuli a vařte 5 minut. Smíchejte česnek a víno do pěny. Přidejte fazole, rozmarýn, vývar a bobkové listy. Odstraňte z tepla.

Vložte vepřové maso do vakuového sáčku. Uvolněte vzduch pomocí metody vytlačení vody, utěsněte a ponořte sáček do vodní lázně. Vařte 7 hodin. Když se časovač zastaví, vyjměte sáček a přeneste jej do nádoby. Ozdobte rozmarýnem.

Nakrájejte vepřová žebra

Příprava + doba vaření: 20 hodin 10 minut | Porce: 6

Ingredience:

5 lb. (2) vepřová žebra plněná rošty
½ šálku směsi koření jerk

adresy:

Udělejte vodní lázeň, vložte ji do Sous Vide a nastavte ji na 145 F. Rozřízněte stojany na polovinu a okořeňte polovinou koření. Umístěte stojany na samostatné vakuově uzavíratelné stojany. Uvolněte vzduch pomocí metody vytlačení vody, uzavřete a ponořte sáčky do vodní lázně. Nastavte časovač na 20 hodin.

Vodní lázeň zakryjte sáčkem, aby se omezilo odpařování, a každé 3 hodiny přidávejte vodu, aby voda nevyschla. Když se časovač zastaví, vyjměte a otevřete sáček. Přemístěte žebra na plech vyložený pečicím papírem a brojler zahřejte na vysokou teplotu. Žebra potřeme zbylým kořením a dáme na gril. Grilujte 5 minut. Nakrájejte na jednotlivá žebra.

Balsamico vepřové kotlety

Příprava + doba vaření: 1 hodina 15 minut | Porce: 5

Ingredience:

2 libry vepřových kotlet
3 stroužky česneku, nakrájené
½ lžičky sušené bazalky
½ lžičky sušeného tymiánu
¼ šálku balzamikového octa
Sůl a černý pepř podle chuti
3 lžíce extra panenského olivového oleje

adresy:

Připravte vodní lázeň, vložte do Sous Vide a nastavte na 158 F. Vepřové kotlety hojně osolte a opepřete; odložit

V malé misce smíchejte ocet s 1 lžící olivového oleje, tymiánem, bazalkou a česnekem. Dobře promícháme a rovnoměrně rozetřeme na maso. Vložte do velkého vakuového sáčku a pevně uzavřete. Uzavřený sáček ponořte do vodní lázně a vařte 1 hodinu.

Když se časovač zastaví, vyjměte vepřové kotlety ze sáčku a osušte. Zahřejte zbývající olivový olej na střední pánvi na vysokou teplotu. Masové kuličky opékejte jednu minutu z každé strany nebo do zlatova. Přidejte šťávu z vaření a vařte 3–4 minuty nebo do zhoustnutí.

Vepřová žebírka bez kosti s kokosovo-arašídovou omáčkou

Příprava + doba vaření: 8 hodin 30 minut | Porce: 3

Ingredience:

½ šálku kokosového mléka

2 ½ lžíce arašídového másla

2 lžíce sojové omáčky

1 polévková lžíce cukru

3 palce čerstvé citronové trávy

1 ½ lžíce pepřové omáčky

1 ½ palce oloupaného zázvoru

3 stroužky česneku

2 ½ lžičky sezamového oleje

13 oz vykostěná vepřová žebra

adresy:

Připravte si vodní lázeň a umístěte do ní Sous Vide. Nastavte na 135 F. Rozmixujte všechny uvedené ingredience kromě vepřových žebírek a koriandru do hladka.

Žebra vložíme do uzavíratelného sáčku a přelijeme omáčkou. Uvolněte vzduch pomocí metody vytlačení vody a utěsněte sáček. Vložte do vodní lázně a nastavte časovač na 8 hodin.

Když se časovač zastaví, vyjměte sáček, rozbalte jej a odstraňte žebra. Přendejte na talíř a udržujte v teple. Umístěte pánev na střední teplotu a nalijte omáčku ze sáčku. Vařte 5 minut, snižte teplotu a vařte 12 minut.

Přidejte žebra a zalijte je omáčkou. Vařte na mírném ohni 6 minut. Podávejte s přílohou dušené zeleniny.

Vepřová panenka s limetkou a česnekem

Příprava + doba vaření: 2 hodiny 15 minut | Porce: 2

Ingredience:

2 lžíce česnekového prášku

2 lžíce mletého kmínu

2 lžíce sušeného tymiánu

2 lžíce sušeného rozmarýnu

1 špetka limetkové mořské soli

2 (3 lb.) vepřová panenka, zbavená kůže

2 lžíce olivového oleje

3 lžíce nesoleného másla

adresy:

Udělejte vodní lázeň, vložte do Sous Vide a nastavte na 140 F. Přidejte kmín, česnekový prášek, tymián, limetkovou sůl, rozmarýn a limetkovou sůl do mísy a rovnoměrně promíchejte. Vepřové maso potřeme olivovým olejem a potřeme směsí soli a kmínu.

Vložte vepřové maso do dvou samostatných vakuově uzavíratelných sáčků. Uvolněte vzduch pomocí metody vytlačení vody a utěsněte sáčky. Vložte do vodní lázně a nastavte časovač na 2 hodiny.

Když se časovač zastaví, vyjměte a otevřete sáček. Vyjměte vepřové maso a osušte papírovou utěrkou. Šťávu v sáčku vyhoďte. Rozpalte litinovou pánev na vysokou teplotu a přidejte máslo. Přidejte k vepřovému masu a vařte do zhnědnutí. Vepřové maso necháme odpočinout na prkénku. Nakrájejte je na 2-palcové medailony.

BBQ vepřová žebra

Příprava + doba vaření: 1 hodina 10 minut | Porce: 4

Ingredience:

1 libra vepřových žeber
1 lžička česnekového prášku
Sůl a černý pepř podle chuti
1 šálek BBQ omáčky

adresy:

Udělejte vodní lázeň, vložte do Sous Vide a nastavte na 140 F. Vepřová žebra potřete solí a pepřem, vložte do vakuového sáčku, uvolněte vzduch a utěsněte. Vložte do vody a nastavte časovač na 1 hodinu.

Když se časovač zastaví, vyjměte a otevřete sáček. Vyjměte žebra a polijte BBQ omáčkou. Odložit. Rozpalte gril. Jakmile jsou žebra horká, opékejte ze všech stran 5 minut. Podávejte s omáčkou dle vlastního výběru.

Javorová svíčková s dušenými jablky

Příprava + doba vaření: 2 hodiny 20 minut | Porce: 4

Ingredience

1 libra vepřové panenky
1 polévková lžíce mletého čerstvého rozmarýnu
1 polévková lžíce javorového sirupu
1 lžička černého pepře
Sůl podle chuti
1 lžíce olivového oleje
1 jablko nakrájené na kostičky
1 malá šalotka nakrájená na tenké plátky
¼ šálku zeleninového vývaru
½ lžičky jablečného moštu

Adresy

Připravte si vodní lázeň a umístěte do ní Sous Vide. Nastavte na 135 F. Odstraňte kůži ze svíčkové a nakrájejte na polovinu. Smíchejte rozmarýn, javorový sirup, mletý pepř a 1 polévkovou lžíci soli. Posypte svíčkovou. Vložte do vakuově uzavřeného sáčku. Uvolněte vzduch pomocí metody vytlačení vody, utěsněte a ponořte sáček do vodní lázně. Vařte 2 hodiny.

Když se časovač zastaví, vyjměte sáček a vypusťte. Rezervujte si šťávy na vaření. Na pánvi na středním plameni rozehřejte olivový olej a svíčkovou opékejte 5 minut. Odložit.

Snižte plamen a přidejte jablko, rozmarýn a šalotku. Dochuťte solí a opékejte 2–3 minuty do zlatohněda. Přidejte ocet, vývar a šťávu z vaření. Vařte na mírném ohni dalších 3-5 minut. Panenku nakrájíme na medailonky a podáváme s jablečnou směsí.

Uzený bůček s paprikou

Příprava + doba vaření: 24 hodin 15 minut | Porce: 8

Ingredience:

1 libra vepřového bůčku
½ lžičky uzené papriky
½ lžičky česnekového prášku
1 lžička koriandru
½ lžičky chilli vloček
Sůl a černý pepř podle chuti

adresy:

Připravte si vodní lázeň a umístěte do ní Sous Vide. Nastavte na 175 F. V malé misce smíchejte všechno koření a směsí potřete vepřový bůček. Vložte směs do vakuově uzavřeného sáčku. Uvolněte vzduch pomocí metody vytlačení vody, utěsněte a ponořte sáček do vodní lázně. Nastavte časovač na 24 hodin.

Po dokončení vyjměte sáček a nalijte tekutinu na vaření do hrnce a položte pancettu na talíř. Tekutinu vařte, dokud se nezredukuje na polovinu. Posypeme vepřovým masem a podáváme.

Vepřové Carnitas Tacos

Příprava + doba vaření: 3 hodiny 10 minut | Porce: 4

Ingredience:

2 libry vepřové plece
3 stroužky česneku nasekané
2 bobkové listy
1 nakrájená cibule
Sůl a černý pepř podle chuti
Kukuřičné tortilly

adresy:

Připravte si vodní lázeň a umístěte do ní Sous Vide. Nastavte na 185F.

Mezitím smícháme všechno koření a směsí potřeme vepřové maso. Vložte ji do vakuově uzavřeného sáčku s bobkovým listem, cibulí a česnekem. Uvolněte vzduch pomocí metody vytlačení vody, utěsněte a ponořte sáček do vodní lázně. Nastavte časovač na 3 hodiny.

Hotové přendejte na prkénko a rozmačkejte 2 vidličkami. Rozdělte mezi kukuřičné tortilly a podávejte.

Pikantní vepřové maso s melasovou hořčičnou polevou

Příprava + doba vaření: 4 hodiny 15 minut | Porce: 6

Ingredience

2 libry pečené vepřové panenky
1 bobkový list
3 unce melasy
½ oz sójové omáčky
½ unce medu
Šťáva ze 2 citronů
2 proužky citronové kůry
4 nakrájené cibule
½ lžičky česnekového prášku
¼ lžičky dijonské hořčice
¼ lžičky mletého nového koření
1 unce drcených kukuřičných lupínků

Adresy

Připravte si vodní lázeň a umístěte do ní Sous Vide. Nastavte na 142F.

Vepřovou panenku a bobkový list vložte do uzavíratelného vakuového sáčku. Přidejte melasu, sójovou omáčku, citronovou kůru, med, cibuli, česnekový prášek, hořčici, nové koření a dobře protřepejte. Uvolněte vzduch pomocí metody vytlačení vody, utěsněte a ponořte sáček do vodní lázně. Vařte 4 hodiny.

Když se časovač zastaví, vyjměte sáček. Zbývající směs nalijte do hrnce a vařte do měkka. Vepřové maso podáváme s omáčkou a navrch dáme drcené kukuřičné lupínky. Ozdobte zelenou cibulkou.

smažená vepřová krkovice

Příprava + doba vaření: 1 hodina 20 minut | Porce: 8

Ingredience:

2 libry vepřové panenky, vykostěné a nakrájené na 2 kusy
4 lžíce olivového oleje
2 lžičky sojové omáčky
2 lžíce barbecue omáčky
½ lžíce cukru
4 snítky rozmarýnu, bez listů
4 snítky tymiánu, bez listů
2 stroužky česneku nakrájené
Sůl a bílý pepř podle chuti
¼ lžičky vloček červené papriky

adresy:

Udělejte vodní lázeň, přidejte do ní Sous Vide a nastavte na 140 F. Vepřové maso osolte a opepřete. Vložte maso do 2 samostatných vakuově uzavíratelných sáčků, uvolněte vzduch a uzavřete. Umístěte vodní lázeň a nastavte časovač na 1 hodinu.

Když se časovač zastaví, vyjměte a otevřete sáčky. Smíchejte zbývající ingredience ze seznamu. Předehřejte troubu na 425 F. Umístěte vepřové maso do pekáčku a vepřové maso hojně potřete směsí sójové omáčky. Pečeme v troubě 15 minut. Před vykrajováním nechte vepřové maso vychladnout. Podávejte s přílohou dušené zeleniny.

Vepřová žebra

Příprava + doba vaření: 12 hodin 10 minut | Porce: 4

Ingredience:

1 žebro vepřová žebra
2 lžíce hnědého cukru
½ šálku barbecue omáčky
1 polévková lžíce česnekového prášku
2 lžíce papriky
Sůl a černý pepř podle chuti
1 polévková lžíce cibulového prášku

adresy:

Připravte si vodní lázeň a umístěte do ní Sous Vide. Nastavte na 165 F. Vložte vepřové maso spolu s kořením do vakuově uzavřeného sáčku. Uvolněte vzduch pomocí metody vytlačení vody, utěsněte a ponořte sáček do vodní lázně. Nastavte časovač na 12 hodin.

Když se časovač zastaví, vyjměte žebra ze sáčku a potřete je barbecue omáčkou. Zabalte do alobalu a vložte na pár minut pod gril. Ihned podávejte.

Vepřové kotlety s tymiánem

Příprava + doba vaření: 70 minut | Porce: 4

Ingredience:

4 kusy vepřového masa
2 lžičky čerstvého tymiánu
1 lžíce olivového oleje
Sůl a černý pepř podle chuti

adresy:

Připravte si vodní lázeň a umístěte do ní Sous Vide. Nastavte na 145 F. Smíchejte vepřové maso se zbývajícími přísadami ve vakuově uzavřeném sáčku. Uvolněte vzduch pomocí metody vytlačení vody, utěsněte a ponořte sáček do vodní lázně. Nastavte časovač na 60 minut. Po dokončení vyjměte sáček a smažte na pánvi několik sekund na každé straně, abyste mohli podávat.

Vepřová žebra

Příprava + doba vaření: 75 minut | Porce: 6

Ingredience:

2 libry mletého vepřového masa
½ šálku strouhanky
1 vejce
1 lžička papriky
Sůl a černý pepř podle chuti
1 polévková lžíce mouky
2 lžíce másla

adresy:

Připravte si vodní lázeň a umístěte do ní Sous Vide. Nastavte na 140 F. Smíchejte vepřové maso, vejce, papriku, mouku a sůl. Vytvořte karbanátky a každou vložte do malého vakuového sáčku. Uvolněte vzduch pomocí metody vytlačení vody, utěsněte a ponořte sáček do vodní lázně. Nastavte časovač na 60 minut.

Když se časovač zastaví, vyjměte sáček. Na pánvi na středním plameni rozpustíme máslo. Kotlety obalíme masovou strouhankou a opečeme ze všech stran do zlatova. Podávejte a užívejte si.

Masové kuličky ze šalvěje a moštu

Příprava + doba vaření: 70 minut | Porce: 2

Jopřísad

2 kusy vepřového masa
1 snítka nasekaného rozmarýnu
Sůl a černý pepř podle chuti
1 nasekaný stroužek česneku
1 šálek tvrdého cideru, rozdělený
1 lžička šalvěje
1 polévková lžíce rostlinného oleje
1 polévková lžíce cukru

Adresy

Připravte si vodní lázeň a umístěte do ní Sous Vide. Nastavte na 138F.

V misce smíchejte sůl, pepř, šalvěj, rozmarýn a česnek. Touto směsí potřete karbanátky a vložte do vakuového sáčku. Přidejte 1/4 šálku tvrdého moštu. Uvolněte vzduch pomocí metody vytlačení vody, utěsněte a ponořte sáček do vodní lázně. Vařte 45 minut.

Po dokončení vyjměte sáček. Na pánvi na středním plameni rozehřejte olej a orestujte zeleninu. Přidejte kousky a smažte do zlatohněda. Necháme 5 minut odstát. Nalijte šťávu z vaření do pánve spolu s 1 šálkem jablečného moštu a cukrem. Pokračujte v míchání, dokud se nerozpustí. Chcete-li podávat, pokapejte masové kuličky omáčkou.

Vepřová panenka s rozmarýnem

Příprava + doba vaření: 2 hodiny 15 minut | Porce: 4

Ingredience:

1 libra vepřové panenky
2 stroužky česneku
2 snítky rozmarýnu
1 polévková lžíce sušeného rozmarýnu
Sůl a černý pepř podle chuti
1 lžíce olivového oleje

adresy:

Připravte si vodní lázeň a umístěte do ní Sous Vide. Nastavte na 140 F. Ochuťte maso solí, rozmarýnem a pepřem a vložte do vakuového sáčku s česnekem a rozmarýnem. Uvolněte vzduch pomocí metody vytlačení vody, utěsněte a ponořte sáček do vodní lázně. Nastavte časovač na 2 hodiny.

Když se časovač zastaví, vyjměte sáček. Na pánvi na středním plameni rozehřejte olej. Maso opékejte ze všech stran asi 2 minuty.

Papriková pancetta s perličkovou cibulkou

Příprava + doba vaření: 1 hodina 50 minut | Porce: 4

Ingredience

1 libra perlové cibule, oloupaná
4 plátky pancetty, nakrájené a uvařené
1 polévková lžíce tymiánu
1 lžička papriky

Adresy

Připravte si vodní lázeň a umístěte do ní Sous Vide. Nastavte na 186 F. Vložte pancettu, perličkovou cibuli, tymián a papriku do vakuově uzavíratelného sáčku. Uvolněte vzduch metodou vytlačení vody, uzavřete a ponořte sáček do vany. Vařte 90 minut. Po dokončení vyjměte sáček a vyhoďte šťávu z vaření.

Vepřové kotlety s rajčaty a bramborovou kaší

Příprava + doba vaření: 5 hodin 40 minut | Porce: 4

Ingredience

500 g vepřových kotlet bez kůže
Sůl a černý pepř podle chuti
1 šálek hovězího vývaru
½ šálku rajčatové omáčky
1 stonek celeru, nakrájený na 1-palcové kostky
1 šalotka na čtvrtky
3 snítky čerstvého tymiánu
1 oz červené bramborové kaše

Adresy

Připravte si vodní lázeň a umístěte do ní Sous Vide. Nastavte na 182F.

Masové kuličky osolte a opepřete a poté vložte do uzavíratelného sáčku. Přidejte vývar, rajčatovou omáčku, šalotku, whisky, celer a tymián. Uvolněte vzduch pomocí metody vytlačení vody, utěsněte a ponořte sáček do vodní lázně. Vařte 5 hodin.

Když se časovač zastaví, vyjměte karbanátky a přendejte na talíř. Tekutiny na vaření si rezervujte. Zahřejte hrnec na vysoký oheň a zalijte scezenou šťávou; vařit Snižte teplotu a vařte 20 minut. Poté přidejte masové kuličky a opékejte další 2-3 minuty. Podáváme s bramborovou kaší.

Toasty s vejci a křupavou slaninou

Příprava + doba vaření: 70 minut | Porce: 2

Ingredience

4 velké žloutky
2 plátky slaniny
4 plátky toastového chleba

Adresy

Připravte si vodní lázeň a umístěte do ní Sous Vide. Nastavte na 143 F. Vložte vaječné žloutky do vakuově uzavřeného sáčku. Uvolněte vzduch pomocí metody vytlačení vody, utěsněte a ponořte sáček do vodní lázně. Vařte 60 minut.

Mezitím si nakrájejte pancettu a vařte do zhnědnutí. Přeneste na pečicí plech. Když se časovač zastaví, vyjměte žloutky a přeneste je na toastový chléb. Doplňte pancettou a podávejte.

Pikantní svíčková se sladkou papájovou omáčkou

Příprava + doba vaření: 2 hodiny 45 minut | Porce: 4

Jopřísad

¼ šálku světle hnědého cukru

1 lžíce mletého nového koření

½ lžičky kajenského pepře

¼ lžičky mleté skořice

¼ lžičky mletého hřebíčku

Sůl a černý pepř podle chuti

2 libry vepřové panenky

2 lžíce řepkového oleje

2 papáji, vypeckované a oloupané, nakrájené nadrobno

¼ šálku čerstvého koriandru, nasekaného

1 červená paprika, vypeckovaná, stopky zbavené a nakrájené nadrobno

3 lžíce najemno nakrájené červené cibule

2 lžíce limetkové šťávy

1 malá papričky jalapeño, vypeckovaná a nakrájená na kostičky

Adresy

Připravte si vodní lázeň a umístěte do ní Sous Vide. Nastavte na 135 F. Vmíchejte cukr, nové koření, skořici, kajenský pepř, hřebíček, kmín, sůl a pepř. Posypte svíčkovou.

Na pánvi na středním plameni rozehřejte olej a svíčkovou opékejte 5 minut. Přendejte na talíř a nechte 10 minut odpočinout. Vložte do vakuově uzavřeného sáčku. Uvolněte vzduch pomocí metody vytlačení vody, utěsněte a ponořte sáček do vodní lázně. Vařte 2 hodiny.

Když se časovač zastaví, svíčkovou vyjměte a nechte 10 minut odpočinout. Nakrájejte je na plátky. Na dresink smíchejte papája, koriandr, papriku, cibuli, limetkovou šťávu a jalapeňo. Panenku naservírujeme a přelijeme omáčkou. Posypte solí a pepřem a podávejte.

Lahodné brambory a slanina s cibulí

Příprava + doba vaření: 1 hodina 50 minut | Porce: 6

Ingredience

1 ½ libry červenohnědých brambor, nakrájených na klínky
½ šálku kuřecího vývaru
Sůl a černý pepř podle chuti
4 unce slaniny, nakrájené na silné proužky
½ šálku nakrájené cibule
1/3 šálku jablečného octa
4 cibule, nakrájené na tenké plátky

Adresy

Připravte si vodní lázeň a umístěte do ní Sous Vide. Nastavte na 186 F. Vložte brambory do vakuově uzavřeného sáčku. Dochuťte solí a pepřem. Uvolněte vzduch pomocí metody vytlačení vody, utěsněte a ponořte sáček do vodní lázně. Vařte 1 hodinu a 30 minut. Po dokončení vyjměte brambory na talíř.

Rozehřejte pánev na střední teplotu a slaninu opékejte 5 minut. Přeneste na pečicí plech. Na stejné pánvi smažte cibuli po dobu 1 minuty. Přidáme brambory, uvařenou slaninu a ocet. Vařte, dokud se nevyvaří. Přidejte cibuli a dochuťte solí a pepřem.

křupavé vepřové kousky

Příprava + doba vaření: 1 hodina 15 minut | Porce: 3

Ingredience

3 kusy vepřové panenky

Sůl a černý pepř podle chuti

1 šálek mouky

1 lžička šalvěje

2 celá vejce

Masové kuličky obalte panko drobenkou

Adresy

Připravte si vodní lázeň a umístěte do ní Sous Vide. Umístěte na 138 F. Nakrájejte panenku na libové plátky. Dochutíme šalvějí, solí a pepřem. Vložte do vakuově uzavřeného sáčku. Uvolněte vzduch pomocí metody vytlačení vody, utěsněte a ponořte sáček do vodní lázně. Vařte 1 hodinu.

Když se časovač zastaví, vyjměte masové kuličky a osušte. Panenku namáčíme v mouce, poté ve vejci a nakonec nastrouhané panko. Postup opakujte se všemi plátky. Zahřejte olej v pánvi na více než 450 F a smažte karbanátky po dobu 1 minuty. Necháme vychladnout a nakrájíme na plátky. Podáváme s rýží a zeleninou.

Sladké vepřové kotlety s hruškou a mrkví

Příprava + doba vaření: 4 hodiny 15 minut | Porce: 2

Ingredience

2 vepřové kotlety bez kosti

Sůl a černý pepř podle chuti

10 listů šalvěje

2 šálky strouhané mrkve

1 hruška, nastrouhaná

1 polévková lžíce jablečného octa

1 lžička olivového oleje

1 lžička medu

½ citronové šťávy

2 lžíce nasekané čerstvé petrželky

1 lžíce másla

Adresy

Masové kuličky ochutíme solí a pepřem. Na karbanátky položte lístky šalvěje a nechte odpočinout. Připravte si vodní lázeň a umístěte do ní Sous Vide. Nastavte na 134 F. Vložte masové kuličky do vakuově uzavřeného sáčku. Uvolněte vzduch pomocí metody vytlačení vody, utěsněte a ponořte sáček do vodní lázně. Vařte 2 hodiny.

Vepřové a houbové ramen nudle

Příprava + doba vaření: 24 hodin 15 minut | Porce: 2

Ingredience

8 uncí ramen nudlí, uvařených a scezených

¾ libry vepřové plec

6 šálků kuřecího vývaru

1 šálek enoki hub

2 lžičky sojové omáčky

2 stroužky česneku nakrájené

2 lžičky mletého zázvoru

2 lžičky sezamového oleje

2 nakrájené cibule

Adresy

Připravte si vodní lázeň a umístěte do ní Sous Vide. Nastavte na 158 F. Vložte vepřové maso do vakuově uzavřeného sáčku. Uvolněte vzduch metodou vytlačení vody, uzavřete a ponořte sáček do vany. Vařte 24 hodin.

Když se časovač zastaví, vepřové maso vyjměte a zlikvidujte. Do horkého hrnce přidejte kuřecí vývar, sójovou omáčku, česnek a houby. Vařte 10 minut. Ramenové nudle zalijeme vývarem a poklademe vepřovým masem. Před podáváním pokapejte sezamovým olejem a ozdobte jarní cibulkou.

Lahodná panenka s avokádovou omáčkou

Příprava + doba vaření: 2 hodiny 10 minut | Porce: 3

Ingredience

1 vepřová panenka
1 sklenice avokádového másla
snítky čerstvého rozmarýnu
Sůl a černý pepř podle chuti

Adresy

Připravte si vodní lázeň a umístěte do ní Sous Vide. Nastavte na 146 F. Svíčkovou osolte a opepřete. Potřete trochou avokádového másla a vložte do vakuového sáčku. Přidejte snítky rozmarýnu. Uvolněte vzduch pomocí metody vytlačení vody, utěsněte a ponořte sáček do vodní lázně. Vařte 2 hodiny.

Když se časovač zastaví, svíčkovou vyjměte a osušte. Dochuťte solí a pepřem, přidejte další avokádové máslo a smažte na rozpálené pánvi. Nakrájejte a podávejte.

Grilované maso s koriandrem a česnekem

Příprava + doba vaření: 24 hodin 30 minut | Porce: 8

Ingredience

4 lžíce olivového oleje
2 libry hovězího masa
Sůl a černý pepř podle chuti
1 lžička tymiánu
1 lžička koriandru
1 šálek sójové omáčky
½ šálku čerstvě vymačkané citronové šťávy
½ šálku čerstvě vymačkané pomerančové šťávy
½ šálku worcesterské omáčky
¼ šálku žluté hořčice
3 stroužky česneku nasekané

Adresy

Připravte si vodní lázeň a umístěte do ní Sous Vide. Nastavte na 141 F. Připravte steak a svažte řeznickým provázkem. Dochuťte solí, pepřem, tymiánem a koriandrem.

Umístěte litinovou pánev na vysokou teplotu. Mezitím steak potřete 2 lžícemi olivového oleje. Vložte maso do pánve a opékejte 1 minutu z každé strany. V misce smíchejte worcesterskou omáčku, hořčici, česnek, sójovou omáčku, citronovou a pomerančovou šťávu.

Maso vtlačíme do vakuového sáčku, smícháme s předem připravenou marinádou a sáček uzavřeme vytlačením vody. Vařte ve vodní lázni 24 hodin.

Až budete připraveni, otevřete sáček a nalijte tekutinu do malého hrnce. Vařte 10 minut na vysoké teplotě, dokud nedosáhne poloviny objemu.

Přidejte 2 lžíce olivového oleje a rozpalte litinovou pánev na vysokou teplotu. Jemně vložte maso do pánve a z každé strany minutu opékejte. Steak vyjměte z pánve a nechte asi 5 minut vychladnout. Nakrájíme na plátky a přelijeme omáčkou.

hovězí rib eye steak

Příprava + doba vaření: 1 hodina 40 minut | Porce: 2

Ingredience

1 lžíce másla
1 libra rib eye steak
Sůl a černý pepř podle chuti
½ lžičky česnekového prášku
½ lžičky cibulového prášku
½ lžičky tymiánu

Adresy

Připravte si vodní lázeň a umístěte do ní Sous Vide. Nastavte na 134F.

Obě strany masa potřeme solí, pepřem, tymiánem, cibulí a česnekovým práškem. Nakrájejte na kousky ve vakuovém sáčku a přidejte máslo. Použijte metodu vytěsnění vody k utěsnění sáčku a vložte jej do vodní lázně. Vařte 90 minut.

Po dokončení slijte tekutinu na vaření a vyjměte steak ze sáčku, aby se osušil kuchyňskou utěrkou. Rozpalte litinovou pánev na vysokou teplotu. Steak opečte z každé strany 1 minutu. Po dokončení nechte před krájením 5 minut vychladnout.

Tradiční francouzský steak

Příprava + doba vaření: 2 hodiny 25 minut | Porce: 5

Ingredience

4 lžíce másla
2 libry svíčkové
Sůl a černý pepř podle chuti
1 nakrájená šalotka
2 snítky čerstvé šalvěje
1 snítka čerstvého rozmarýnu

Adresy

Připravte si vodní lázeň a umístěte do ní Sous Vide. Nastavte na 134F.

Ve velké litinové pánvi na vysoké teplotě rozpusťte 2 lžíce másla. Vložte svíčkovou do pánve a opékejte na každé straně 30–45 sekund. Maso dejte stranou. Přidejte šalotku, šalvěj a rozmarýn. Přidejte máslo a bylinky. Vařte asi 1-2 minuty, dokud nebudou jasně zelené a měkké.

Panenku vtlačte do vakuového sáčku, přidejte předem namíchané bylinky a sáček pevně uzavřete metodou vytěsňování vody. Vařte 2 hodiny.

Po dokončení vyjměte maso a vylijte tekutinu z vaření. Panenku položte na plech nebo plech vyložený papírovou utěrkou.

Rozpalte litinovou pánev na vysokou teplotu a přidejte 2 lžíce másla. Když máslo zaschne, vraťte steak a opékejte 2 minuty z každé strany. Vypněte oheň a nechte panenku asi 5 minut. Nakonec ho nakrájejte na malé kousky. Doporučuje se podávat se zeleninou a bramborami.

Hovězí filet s chipotle a kávou.

Příprava + doba vaření: 1 hodina 55 minut | Porce: 4

Ingredience

1 lžíce olivového oleje
2 lžíce másla
1 polévková lžíce cukru
Sůl a černý pepř podle chuti
1 polévková lžíce mleté kávy
1 polévková lžíce česnekového prášku
1 polévková lžíce cibulového prášku
1 lžíce chipotle prášku
4 strips steaky

Adresy

Připravte si vodní lázeň a umístěte do ní Sous Vide. Nastavte na 130 F. V malé misce smíchejte hnědý cukr, sůl, pepř, kávovou sedlinu, cibuli, česnekový prášek a papriku. Filet položíme na předem očištěný povrch a potřeme tenkou vrstvou olivového oleje. Filety vložte do jednotlivých vakuových sáčků. Poté sáčky utěsněte metodou vytěsňování vody. Vložte je do lázně a vařte 1 hodinu 30 minut.

Až budete připraveni, vyjměte filé a vylijte tekutinu. Filet položíme na plech vyložený papírovou utěrkou nebo na plech. Rozpalte litinovou pánev na vysokou teplotu a přidejte máslo. Když máslo ztuhne, vraťte panenku do pánve a opékejte 1 minutu z každé strany. Nechte 2-3 minuty vychladnout a podávejte nakrájené na plátky.

perfektní grilovaný steak

Příprava + doba vaření: 20 hodin 20 minut | Porce: 4

Ingredience

4 lžíce sezamového oleje
4 jemné steaky na grilu
1 lžička česnekového prášku
1 lžička cibulového prášku
1 lžička sušené petrželky
Sůl a černý pepř podle chuti

Adresy

Připravte si vodní lázeň a umístěte do ní Sous Vide. Nastavte na 130F.

Na pánvi rozehřejte sezamový olej na vysokou teplotu a filety smažte z každé strany 1 minutu. Rezervovat a chladit. Smíchejte česnekový prášek, cibulový prášek, petržel, sůl a pepř.

Směsí potřeme filet a vložíme do vakuového sáčku. Uvolněte vzduch pomocí metody vytlačení vody, utěsněte a ponořte sáček do vodní lázně. Vařte 20 hodin. Když se časovač zastaví, vyjměte filety a osušte je kuchyňskou utěrkou. Šťávy na vaření zlikvidujte.

Hovězí svíčková s chilli

Příprava + doba vaření: 3 hodiny 20 minut | Porce: 4

Ingredience

2 lžíce ghí
2 ¼ libry hovězí svíčkové
Sůl a černý pepř podle chuti
1 lžíce chilli oleje
2 lžičky sušeného tymiánu
1 lžička česnekového prášku
½ lžičky cibulového prášku
½ lžičky kajenského pepře

Adresy

Připravte si vodní lázeň a umístěte do ní Sous Vide. Nastavte na 134 F. Svíčkovou osolte a opepřete. Smíchejte chilli olej, tymián, česnekový prášek, cibulový prášek a kajenský pepř. Směsí potřete panenku. Vložte panenku do vakuového sáčku. Uvolněte vzduch pomocí metody vytlačení vody, utěsněte a ponořte sáček do vodní lázně. Vařte 3 hodiny.

Když se časovač zastaví, vyjměte panenku a osušte ji kuchyňskou utěrkou. Na pánvi rozehřejte ghí na vysokou teplotu a svíčkovou opékejte 45 sekund z každé strany. Zarezervujte a nechte 5 minut odstát. Nakrájejte a podávejte.

Tamari steak s míchanými vejci

Příprava + doba vaření: 1 hodina 55 minut | Porce: 4

Ingredience

¼ šálku mléka
1 šálek tamari omáčky
½ šálku hnědého cukru
⅓ šálku olivového oleje
4 stroužky česneku, nakrájené
1 lžička cibulového prášku
Sůl a černý pepř podle chuti
2 ½ lb flank steak
4 vejce

Adresy

Připravte si vodní lázeň a umístěte do ní Sous Vide. Nastavte na 130 F. Smíchejte omáčku Tamari, hnědý cukr, olivový olej, cibulový prášek, česnek, mořskou sůl a pepř. Vložte steak do vakuově uzavřeného sáčku se směsí. Uvolněte vzduch pomocí metody vytlačení vody, utěsněte a ponořte sáček do vodní lázně. Vařte 1 hodinu a 30 minut.

V míse smícháme vejce, mléko a sůl. Dobře promíchejte. Vejce rozklepněte na pánvi na středním plameni. Odložit. Když se časovač zastaví, vyjměte steak a osušte. Zahřejte pánev na vysokou teplotu a opečte steak 30 sekund z každé strany. Nakrájejte na malé proužky. Podávejte s míchanými vejci.

Lahodné středomořské masové kuličky

Příprava + doba vaření: 1 hodina 55 minut | Porce: 4

Ingredience

1 libra mletého hovězího masa
½ šálku strouhanky
¼ šálku mléka
1 rozšlehané vejce
2 lžíce nasekané čerstvé bazalky
1 nasekaný stroužek česneku
1 lžička soli
½ lžičky sušené bazalky
1 lžíce sezamového oleje

Adresy

Připravte si vodní lázeň a umístěte do ní Sous Vide. Nastavte na 141 F. Smíchejte hovězí maso, strouhanku, mléko, vejce, bazalku, česnek, sůl a bazalku a vytvořte 14-16 masových kuliček. Do každého uzavíratelného sáčku vložte 6 masových kuliček. Uvolněte vzduch pomocí metody vytlačení vody, uzavřete a ponořte sáčky do vodní lázně. Vařte 90 minut. Na pánvi na středním plameni rozehřejte olej. Když se časovač zastaví, vyjměte masové kuličky a přesuňte je na pánev a vařte 4–5 minut. Šťávy na vaření zlikvidujte. Účastnit se.

Plněné papriky

Příprava + doba vaření: 2 hodiny 35 minut | Porce: 6

Ingredience:

6 středních paprik
1 libra libového mletého hovězího masa
1 střední cibule, jemně nakrájená
1 středně velké rajče, nakrájené
½ lžičky mletého kajenského pepře
3 lžíce extra panenského olivového oleje
Sůl a černý pepř podle chuti

adresy:

Připravte si vodní lázeň, umístěte do ní Sous Vide a nastavte ji na 180 F. Z každé papriky odřízněte konec stonku a odstraňte semínka. Umyjte a rezervujte.

Ve velké míse smíchejte mleté hovězí maso, cibuli, rajčata, kajenský pepř, olivový olej, sůl a pepř. Masovou směs nalijte na papriky.

Jemně vložte 1 nebo 2 papriky do každého vakuového sáčku a sáček utěsněte. Sáčky ponořte do lázně a vařte 1 hodinu a 20 minut. Když se časovač zastaví, vyjměte sáčky, otevřete a chlaďte asi 10 minut před podáváním.

Plněné hovězí burgery na francouzský způsob

Příprava + doba vaření: 50 minut | Porce: 5

Ingredience

1 vejce
1 libra mletého hovězího masa
3 nakrájené zelené cibule
2 lžičky worcesterské omáčky
2 lžičky sojové omáčky
Sůl a černý pepř podle chuti
5 plátků sýra Camembert
5 hamburgerových buchet
listy ledového salátu
5 plátků rajčat

Adresy

Připravte si vodní lázeň a umístěte do ní Sous Vide. Nastavte na 134 F. Maso, cibuli, vejce a sójovou omáčku promíchejte rukama a dochuťte solí a pepřem. Ze směsi vytvarujte 8 placiček. Do středu každé placičky položte 1 kousek sýra čedar a další placičku položte na sýr čedar. Dobře promíchejte, aby vznikl jeden koláč.

Cheeseburgery vložte do čtyř vakuově uzavřených sáčků. Uvolněte vzduch pomocí metody vytlačení vody, uzavřete a ponořte sáčky do vodní lázně. Vařte 30 minut.

Když se časovač zastaví, vyjměte koláčky a osušte je kuchyňskou utěrkou. Šťávy na vaření zlikvidujte. Zahřejte pánev na vysokou teplotu a opékejte hamburgery 1 minutu z každé strany. Umístěte hamburgery na toast. Navrch dejte salát a rajčata.

Lahodné uzené hovězí hrudí

Příprava + doba vaření: 33 hodin 50 minut | Porce: 8)

Ingredience

¼ lžičky tekutého hikorového kouře
8 lžic medu
Sůl a černý pepř podle chuti
1 lžička chilli prášku
1 lžička sušené petrželky
1 lžička česnekového prášku
1 lžička cibulového prášku
½ lžičky mletého kmínu
4 libry hovězího hrudníku

Adresy

Připravte si vodní lázeň a umístěte do ní Sous Vide. Nastavte na 156F.

Smíchejte med, sůl, pepř, chilli, petržel, cibuli a česnek a kmín. 1/4 směsi si necháme. Směs rozetřete na prsa.

Vložte hruď do velkého vakuově uzavíratelného sáčku s tekutým kouřem. Uvolněte vzduch pomocí metody vytlačení vody, utěsněte a ponořte sáček do vodní lázně. Vařte 30 hodin. Když se časovač zastaví, vyjměte sáček a nechte jej 1 hodinu vychladnout.

Předehřejte troubu na 300 F.

Hrudník osušíme kuchyňskou utěrkou a potřeme odloženou omáčkou. Šťávy na vaření zlikvidujte. Hrudník přendejte na plech, vložte do trouby a pečte 2 hodiny.

Po uplynutí času vyjměte hrudí a přikryjte hliníkovou fólií na 40 minut. Podáváme s pečenými fazolemi, čerstvým chlebem a máslem.

Dijonská klobása a kari kečup hovězí maso

Příprava + doba vaření: 1 hodina 45 minut | Porce: 4

Ingredience

½ šálku dijonské hořčice
4 hovězí klobásy
½ šálku rajčatové kari omáčky

Adresy

Připravte si vodní lázeň a umístěte do ní Sous Vide. Nastavte na 134F.

Vložte klobásy do vakuově uzavřeného sáčku. Uvolněte vzduch pomocí metody vytlačení vody, utěsněte a ponořte sáček do vodní lázně. Vařte 90 minut. Když se časovač zastaví, vyjměte klobásy a přeneste na gril na vysokou teplotu. Vařte 1-3 minuty, dokud se neobjeví stopy grilování. Podáváme s hořčicí a kari kečupem.

Tříbodový steak s česnekem a sójou

Příprava + doba vaření: 2 hodiny 5 minut | Porce: 2

Ingredience:

1 ½ kila tri tip steak
Sůl a černý pepř podle chuti
2 lžíce sojové omáčky
6 stroužků česneku, předem opražených a nakrájených

adresy:

Udělejte vodní lázeň, vložte ji do Sous Vide a nastavte ji na 130 F. Steak ochuťte pepřem a solí a vložte do vakuového sáčku. Přidejte sójovou omáčku. Uvolněte vzduch pomocí metody vytlačení vody a utěsněte sáček. Vložte do vodní lázně a nastavte časovač na 2 hodiny.

Když se časovač zastaví, vyjměte a otevřete sáček. Rozpalte litinovou pánev na vysokou teplotu, přidejte steak a opékejte 2 minuty z každé strany. Nakrájejte a podávejte v salátu.

Smažená korejská marinovaná hovězí krátká žebra

Příprava + doba vaření: 5 hodin 20 minut | Porce: 5

Ingredience

2 lžíce řepkového oleje

3 libry hovězích žeber

Sůl a černý pepř podle chuti

½ šálku cukru

½ šálku sójové omáčky

¼ šálku jablečného octa

¼ šálku pomerančové šťávy

2 lžíce mletého česneku

1 lžička vloček červené papriky

¼ šálku nakrájené pažitky

¼ šálku sezamových semínek

Adresy

Připravte si vodní lázeň a umístěte do ní Sous Vide. Upravte na 141 F. Žebra osolte a opepřete. Smíchejte hnědý cukr, sójovou omáčku, ocet, pomerančový džus, řepkový olej, česnek a vločky červené papriky. Vložte žebra do dvou vakuově uzavíratelných sáčků s pomerančovou omáčkou. Vypusťte vzduch pomocí metody vytěsňování vody. Dejte na 2 hodiny do lednice. Uzavřete sáčky a ponořte je do vodní lázně. Vařte 3 hodiny.

Karibský chilli steak Tacos

Připraveno asi za 2 hodiny 10 minut | Porce: 4

Ingredience

1 polévková lžíce řepkového oleje
2 lb. flank steak
Sůl a černý pepř podle chuti
1 lžička česnekového prášku
2 lžičky limetkové šťávy
1 kůra z limetky
1 pomerančová kůra a šťáva
1 lžička vloček červené papriky
1 nasekaný stroužek česneku
1 lžíce másla
12 kukuřičných tortill
1 hlávka červeného zelí, nakrájená
Pico de gallo, sloužit
Zakysaná smetana, podáváme
4 nakrájené papriky serrano

Adresy

Připravte si vodní lázeň a umístěte do ní Sous Vide. Nastavte na 130 F. Steak ochuťte solí, pepřem a česnekovým práškem. Smíchejte limetkovou šťávu a kůru, pomerančovou šťávu a kůru, vločky červené papriky a česnek. Vložte steak a omáčku do uzavíratelného sáčku. Vypusťte vzduch pomocí metody vytěsňování vody. Dejte na 30 minut do lednice. Uzavřeme a ponoříme do vodní lázně. Vařte 90 minut.

Když se časovač zastaví, vyjměte steak a osušte jej kuchyňskými utěrkami. V pánvi rozehřejte olej a máslo na vysokou teplotu a steak opékejte 1 minutu. Steak nakrájíme na plátky. Naplňte tortillu steakem. Ozdobte kapustou, pico de gallo, zakysanou smetanou a serrano.

Lahodná žebírka s BBQ omáčkou

Příprava + doba vaření: 12 hodin 15 minut | Porce: 6

Ingredience

2 lžíce másla

1½ libry hovězích žeber

Sůl a černý pepř podle chuti

3 lžíce praženého sezamového oleje

1½ šálku barbecue omáčky

10 stroužků česneku, nasekaných

3 lžíce šampaňského octa

2 lžíce mletého čerstvého zázvoru

⅛ šálku nasekané pažitky

⅛ šálku sezamových semínek

Adresy

Připravte si vodní lázeň a umístěte do ní Sous Vide. Nastavte na 186 F. Žebra osolte a opepřete. Na pánvi rozehřejte sezamový olej na vysokou teplotu a každé žebírko opékejte z každé strany 1 minutu. Smíchejte BBQ omáčku, česnek, ocet a zázvor. Do každého vakuově uzavíratelného sáčku s BBQ omáčkou vložte tři žebra. Uvolněte vzduch pomocí metody vytlačení vody, utěsněte a ponořte sáček do vodní lázně. Vařte 12 hodin.

Když se časovač zastaví, vyjměte žebra a osušte je kuchyňskou utěrkou. Zahřejte pánev na střední teplotu a nalijte do ní šťávu z vaření. Vařte 4-5 minut do změknutí. Na pánvi rozehřejte máslo na vysokou teplotu a žebra opékejte z každé strany 1 minutu. Doplňte BBQ omáčkou. Ozdobte pažitkou a sezamovými semínky.

Pikantní hovězí svíčková

Příprava + doba vaření: 1 hodina 50 minut | Porce: 6

Ingredience

2 lžíce olivového oleje
3 libry hovězí svíčkové nakrájené na proužky
Sůl a černý pepř podle chuti
2 lžíce bílého vinného octa
½ lžíce čerstvě vymačkané citronové šťávy
1 lžička nového koření
½ lžíce česnekového prášku
1 nakrájená cibule
1 nakrájené rajče
2 stroužky česneku nakrájené
2 lžíce sojové omáčky
4 šálky vařené quinoa

Adresy

Připravte si vodní lázeň a umístěte do ní Sous Vide. Nastavte na 134 F. Svíčkovou osolte a opepřete. Důkladně promíchejte 1 lžíci olivového oleje, bílý vinný ocet, citronovou šťávu, nové koření a česnekový prášek.

Panenku potřeme marinádou a vložíme do vakuově uzavřeného sáčku. Uvolněte vzduch pomocí metody vytlačení vody, utěsněte a ponořte sáček do vodní lázně. Vařte 1 hodinu a 30 minut.

Mezitím rozehřejte v hrnci na středním plameni olivový olej a přidejte cibuli, rajčata, česnek a sójovou omáčku. Vařte 5 minut, dokud rajčata nezačnou měknout. Odložit.

Když se časovač zastaví, vyjměte panenku a osušte ji kuchyňskou utěrkou. Rezervujte si šťávy na vaření. Zahřejte pánev na vysokou teplotu a vařte 1-2 minuty.

Smíchejte šťávu z vaření s rajčatovou směsí. Vařte 4-5 minut do varu. Přidejte panenku a míchejte další 2 minuty. Podávejte s quinoou.

Herbyho steak ze sukně

Příprava + doba vaření: 3 hodiny 20 minut | Porce: 6

Ingredience

2 lžíce másla
3 lb. flank steak
2 lžíce extra panenského oleje
1½ lžičky česnekového prášku
Sůl a černý pepř podle chuti
¼ lžičky cibulového prášku
¼ lžičky kajenského pepře
¼ lžičky sušené petrželky
¼ lžičky sušené šalvěje
¼ lžičky nasekaného sušeného rozmarýnu

Adresy

Připravte si vodní lázeň a umístěte do ní Sous Vide. Nastavte na 134 F. Steak potřete olivovým olejem.

Smíchejte česnekový prášek, sůl, pepř, cibulový prášek, kajenský pepř, petržel, šalvěj a rozmarýn. Směsí potřeme steak.

Vložte steak do velkého uzavíratelného sáčku. Uvolněte vzduch pomocí metody vytlačení vody, utěsněte a ponořte sáček do vodní lázně. Vařte 3 hodiny.

Když se časovač zastaví, vyjměte steak a osušte jej kuchyňskou utěrkou. Na pánvi rozehřejte máslo na vysokou teplotu a filet smažte 2-3 minuty ze všech stran. Necháme 5 minut odstát a nakrájíme k podávání.

masové kuličky s chilli

Příprava + doba vaření: 55 minut | Porce: 3

Ingredience:

1 libra libového mletého hovězího masa
2 polévkové lžíce univerzální mouky
¼ šálku mléka
½ lžičky čerstvě mletého černého pepře
¼ lžičky chilli
3 stroužky česneku, nakrájené
1 lžička olivového oleje
1 lžička soli
½ šálku jemně nasekaných celerových listů

adresy:

Připravte si vodní lázeň, umístěte do ní Sous Vide a nastavte ji na 136F.

Ve velké míse smíchejte mleté hovězí maso s moukou, mlékem, černým pepřem, chilli paprickou, česnekem, solí a celerem. Míchejte ručně, dokud se všechny ingredience dobře nespojí. Vytvarujte kuličky o velikosti sousta a vložte do velkého vakuově uzavřeného sáčku v jedné vrstvě.

Uzavřený sáček ponořte do vodní lázně a vařte 50 minut. Vyjměte masové kuličky ze sáčku a osušte. Masové kuličky opečte na pánvi na středním plameni s olivovým olejem tak, aby ze všech stran zhnědly.

Žebra pečená s rajčaty a jalapeňo

Příprava + doba vaření: 1 hodina 40 minut | Porce: 4

Ingredience:

3 libry hovězího masa krátká žebra, nakrájená na 2 kusy
Sůl a černý pepř podle chuti
½ šálku směsi jalapeno rajčat
½ šálku barbecue omáčky

adresy:

Udělejte vodní lázeň, zapněte Sous Vide a nastavte na 140 F. Žebra osolte a opepřete. Vložte do vakuově uzavřeného sáčku, uvolněte vzduch a pevně uzavřete. Vložte do vodní lázně a nastavte čas na 1 hodinu. Když se časovač zastaví, otevřete sáček. Smíchejte zbývající ingredience. Necháme 30 minut vychladnout.

Mezitím rozpalte gril na střední teplotu. Žebra potřete omáčkou jalapeňo a položte na gril. Vařte 2 minuty z každé strany.

Řecké masové kuličky s jogurtovou omáčkou

Příprava + doba vaření: 1 hodina 10 minut | Porce: 4

Ingredience:

1 libra libového mletého hovězího masa

¼ šálku strouhanky

1 velké vejce, rozšlehané

2 lžičky čerstvé petrželky

mořská sůl a černý pepř podle chuti

3 lžíce extra panenského olivového oleje

jogurtová omáčka:

6 uncí řeckého jogurtu

1 lžíce extra panenského olivového oleje

čerstvý kopr

Citronová šťáva z 1 citronu

1 nasekaný stroužek česneku

Sůl podle chuti

adresy:

Začněte přípravou jogurtové omáčky. Smíchejte všechny ingredience omáčky ve střední misce, přikryjte a dejte na 1 hodinu do chladničky.

Nyní připravte vodní lázeň, umístěte do ní Sous Vide a nastavte ji na 141 F. Vložte maso do velké mísy. Přidejte rozšlehané vejce, strouhanku, čerstvou petrželku, sůl a pepř. Ingredience dobře promíchejte. Vytvarujte kuličky o velikosti sousta a vložte do velkého vakuově uzavřeného sáčku v jedné vrstvě. Sáček uzavřeme a vaříme ve vodní lázni 1 hodinu. Pomocí děrované lžíce opatrně vyjměte ze sáčku a zlikvidujte tekutinu na vaření.

Masové kuličky smažte na pánvi na středním plameni s olivovým olejem do zlatova, 2-3 minuty z každé strany. Přelijeme jogurtovou omáčkou a podáváme.

Svíčková s chilli

Příprava + doba vaření: 2 hodiny 45 minut | Porce: 5

Ingredience

2 lžíce medu

3 libry svíčkové

2 lžíce olivového oleje

Sůl a černý pepř podle chuti

2 lžíce cibulového prášku

2 lžíce česnekového prášku

1 lžička papriky

2 lžičky uzeného chilli serrano v prášku

1 lžička sušené šalvěje

1 lžička muškátového oříšku

1 lžička mletého kmínu

2 lžíce másla

Adresy

Připravte si vodní lázeň a umístěte do ní Sous Vide. Nastavte na 130 F. Potřete panenku olivovým olejem.

Smíchejte sůl, pepř, med, cibulový prášek, česnekový prášek, uzenou papriku, prášek z uzeného serrano pepře, šalvěj, muškátový oříšek a kmín. Směsí potřete panenku.

Vložte do velkého vakuově uzavřeného sáčku. Uvolněte vzduch pomocí metody vytlačení vody, utěsněte a ponořte sáček do vodní lázně. Vařte 2 hodiny a 30 minut.

Když se časovač zastaví, vyjměte steak a osušte jej kuchyňskou utěrkou. Máslo rozehřejte na pánvi na vysokou teplotu a steak opečte 2-3 minuty ze všech stran. Necháme 5 minut odstát a nakrájíme k podávání.

Grilovaná hovězí hruď

Příprava + doba vaření: 48 hodin 15 minut | Porce: 8

Ingredience:

1 ½ libry hovězí hrudi
Sůl a černý pepř podle chuti
1 lžíce olivového oleje
1 polévková lžíce česnekového prášku

adresy:

Připravte si vodní lázeň a umístěte do ní Sous Vide. Nastavte na 150 F. Maso ochuťte solí, pepřem a česnekovým práškem a vložte do uzavíratelného vakuového sáčku. Vypusťte vzduch pomocí metody vytěsňování vody, utěsněte a ponořte do vodní lázně. Nastavte časovač na 48 hodin. Po 2 dnech rozehřejte olivový olej na pánvi na středním plameni. Maso vyjmeme ze sáčku a opečeme ze všech stran.

Steaky ze svíčkové s houbovou smetanovou omáčkou

Příprava + doba vaření: 1 hodina 20 minut | Porce: 3

Ingredience:

3 (6 uncí) vykostěné steaky ze svíčkové
Sůl a černý pepř podle chuti
4 lžičky nesoleného másla
1 lžíce olivového oleje
6 uncí hříbků na čtvrtky
2 velké šalotky, nakrájené
2 stroužky česneku nakrájené
½ šálku hovězího vývaru
½ šálku husté smetany
2 lžičky hořčičné omáčky
Jemně nakrájená jarní cibulka na ozdobu

adresy:

Připravte si vodní lázeň, umístěte do ní Sous Vide a nastavte ji na 135ºF. Maso ochutíme pepřem a solí a vložíme do 3 samostatných vakuově uzavíratelných sáčků. Do každého sáčku přidejte 1 lžičku másla. Uvolněte vzduch pomocí metody vytlačení vody, utěsněte a ponořte sáček do vodní lázně. Nastavte na 45 minut.

Deset minut před vypnutím časovače rozehřejte olej a zbývající máslo na pánvi na středním plameni. Když se časovač zastaví, vyjměte a otevřete sáček. Maso vyjměte, osušte a vložte do pánve. Šťávu si rezervujte v sáčcích. Smažíme z každé strany 1 minutu a přendáme na prkénko. Odřízněte a rezervujte.

Přidejte šalotku a houby do stejné pánve. Vařte 10 minut a přidejte česnek. Vařte 1 minutu. Přidejte vývar a odložené šťávy. Vařte na mírném ohni 3 minuty. Přidejte hustou smetanu, přiveďte k varu na vysoké teplotě a po 5 minutách snižte teplotu na minimum. Vypněte oheň a nalijte hořčičnou omáčku. Filet položíme na talíř, potřeme houbovou omáčkou a ozdobíme cibulí.

Základní žebro s celerovou bylinkovou krustou

Příprava + doba vaření: 5 hodin 15 minut | Porce: 3

Ingredience:

1 ½ libry rib eye steak, bez kostí
Sůl a černý pepř podle chuti
½ lžičky růžového pepře
½ lžíce sušených celerových semínek
1 polévková lžíce česnekového prášku
2 snítky rozmarýnu, nakrájené
2 šálky hovězího vývaru
1 vaječný bílek

adresy:

Maso potřeme solí a necháme 1 hodinu marinovat. Udělejte vodní lázeň, vložte do Sous Vide a nastavte na 130 F. Vložte hovězí maso do vakuově uzavřeného sáčku, vytlačte vzduch pomocí metody vytěsňování vody a sáček pevně uzavřete. Ponořte sáček do vodní lázně. Nastavte časovač na 4 hodiny a vařte. Po dokončení vyjměte maso a osušte; odložit

Smíchejte prášek z černého pepře, prášek z růžového pepře, celerová semena, česnekový prášek a rozmarýn. Maso potřeme vajíčkem. Maso ponořte do směsi celerových semínek, aby se pěkně obalilo. Položte na plech a pečte v troubě 15 minut. Vyjmeme a necháme vychladnout na prkénku.

Maso jemně nakrájíme na kost. Tekutinu nalijte do vakuového sáčku a hovězí vývar na pánev a na středním plameni přiveďte k varu. Odstraňte veškerý tuk nebo plovoucí pevné látky. Plátky masa položíme na talíř a potřeme omáčkou. Podávejte s dušenou zelenou zeleninou.

Hovězí steak se šalotkou a petrželkou

Příprava + doba vaření: 1 hodina 15 minut | Porce: 4

Ingredience:

2 libry hovězí svíčkové nakrájené na plátky
2 lžíce dijonské hořčice
3 lžíce olivového oleje
1 polévková lžíce jemně nasekané čerstvé petrželové natě
1 lžička čerstvého rozmarýnu, jemně nasekaného
1 lžíce nadrobno nakrájené šalotky
½ lžičky sušeného tymiánu
1 stroužek česneku, nasekaný

adresy:

Připravte si vodní lázeň a umístěte do ní Sous Vide. Nastavte na 136F.

V malé misce smíchejte dijonskou hořčici, olivový olej, petržel, rozmarýn, šalotku, tymián a česnek. Touto směsí potřeme maso a vložíme do vakuového sáčku. Uvolněte vzduch pomocí metody vytlačení vody, utěsněte a ponořte sáček do vodní lázně. Nastavte časovač na 1 hodinu. Podáváme se salátem.

Strouhaný grilovaný steak

Příprava + doba vaření: 14 hodin 20 minut | Porce: 3

Ingredience:

1 libra hovězí pečeně
2 lžíce grilovacího koření

adresy:

Udělejte vodní lázeň, zapněte Sous Vide a nastavte ji na 165F.

Rozpalte gril. Maso osušte papírovou utěrkou a potřete steakovým kořením. Necháme 15 minut odstát. Vložte maso do vakuového sáčku, odstraňte vzduch metodou vytlačení vody a sáček uzavřete.

Namočte do vodní lázně. Nastavte časovač na 14 hodin a vařte. Když se časovač zastaví, vyjměte sáček a otevřete jej. Maso vyjmeme a nakrájíme. Účastnit se.

obyčejné uzené hovězí maso

Příprava + doba vaření: 5 hodin 10 minut | Porce: 4

Ingredience:

15 oz hovězí hrudí
1 polévková lžíce soli
¼ šálku hovězího vývaru
1 lžička papriky
1 šálek piva
2 nakrájené cibule
½ lžičky oregana
1 lžička kajenského pepře

adresy:

Připravte si vodní lázeň a umístěte do ní Sous Vide. Umístěte na 138 F. Nakrájejte maso na 4 kusy. Vložte do jednotlivých vakuově uzavíratelných sáčků. V misce rozšleháme pivo, vývar a koření. Přidejte cibuli. Směs rozdělte mezi sáčky.

Uvolněte vzduch pomocí metody vytlačení vody, utěsněte a ponořte sáček do vodní lázně. Nastavte časovač na 5 hodin. Když se časovač zastaví, vyjměte sáček a položte jej na talíř.

Pečený rajčatový hřbet na ohni

Příprava + doba vaření: 2 hodiny 8 minut | Porce: 4

Ingredience:

2 libry středově řezané hovězí svíčkové, 1 palec tlusté
1 šálek nakrájených rajčat pečených na ohni
Sůl a černý pepř podle chuti
3 lžíce extra panenského olivového oleje
2 bobkové listy, celé
3 lžíce nesoleného másla

adresy:

Připravte si vodní lázeň, umístěte do ní Sous Vide a nastavte ji na 136 F. Maso dobře opláchněte pod tekoucí vodou a osušte papírovými utěrkami. Dobře potřete olivovým olejem a bohatě dochuťte solí a pepřem. Vložte do velkého vakuově uzavřeného sáčku spolu s rajčaty pečenými na plameni a dvěma bobkovými listy. Sáček uzavřete, ponořte do lázně a vařte 2 hodiny.

Jakmile je hotovo, vyjmeme sáčky a maso položíme na plech. Tekutinu na vaření zlikvidujte. Rozpusťte máslo ve velké pánvi na středním plameni. Přidejte panenku a opékejte 2 minuty z každé strany. Podávejte s oblíbenou omáčkou a zeleninou.

Svíčková s tuřínovým pyré

Příprava + doba vaření: 1 hodina 20 minut | Porce: 4

Ingredience:

4 steaky ze svíčkové
2 libry vodnice, nakrájené na kostičky
Sůl a černý pepř podle chuti
4 lžíce másla
olivový olej na smažení

adresy:

Udělejte vodní lázeň, vložte do Sous Vide a nastavte na 128 F. Filety okořeňte pepřem a solí a vložte do vakuově uzavřeného sáčku. Uvolněte vzduch pomocí metody vytlačení vody, utěsněte a ponořte sáček do vodní lázně. Nastavte časovač na 1 hodinu.

Tuřín přidejte do vroucí vody a vařte do měkka, asi 10 minut. Provazy sceďte a dejte do mísy. Přidejte máslo a rozmačkejte je. Dochutíme pepřem a solí.

Když se časovač zastaví, vyjměte a otevřete sáčky. Vyjměte filety ze sáčku a osušte. Podle chuti okoříme. Filety opékejte na pánvi s olejem na středním plameni asi 2 minuty z každé strany. Steaky podávejte s rozmačkaným tuřínem.

Flank steak se smaženými rajčaty

Příprava + doba vaření: 3 hodiny 30 minut | Porce: 3

Ingredience:

1 libra flank steak
4 lžíce olivového oleje, rozdělené na dvě části
1 polévková lžíce + 1 lžička italského koření
Sůl a černý pepř podle chuti
4 stroužky česneku, 2 stroužky mleté + 2 celé stroužky
1 šálek cherry rajčat
1 lžíce balzamikového octa
3 lžíce strouhaného parmazánu

adresy:

Připravte vodní lázeň, umístěte do ní Sous Vide a nastavte ji na 129 F. Vložte steak do vakuově uzavřeného sáčku. Přidejte polovinu olivového oleje, italské koření, černý pepř, sůl, prolisovaný česnek a jemně rozetřete.

Uvolněte vzduch pomocí metody vytlačení vody a utěsněte sáček. Namočte do vodní lázně. Nastavte časovač na 3 hodiny a vařte 10 minut. Zatímco se časovač zastaví, předehřejte troubu na 400 F.

V míse smícháme rajčata se zbytkem ingrediencí kromě parmazánu. Nalijte do zapékací mísy a vložte do trouby na mřížku nejdále od tepla. Pečte 15 minut.

Když se časovač zastaví, vyjměte sáček, otevřete jej a vyjměte steak. Přeneste na rovný povrch a opečte na obou stranách hořákem do zlatohněda. Necháme vychladnout a nakrájíme na tenké plátky. Steak podávejte s pečenými rajčaty. Ozdobte parmazánem.

Hovězí filet s hruškou

Příprava + doba vaření: 3 hodiny 10 minut | Porce: 3

Ingredience:

3 (6 uncí) steaky z hovězí svíčkové
2 lžíce olivového oleje
4 lžíce nesoleného másla
4 stroužky česneku, nakrájené
4 snítky čerstvého tymiánu

adresy:

Udělejte vodní lázeň, vložte do Sous Vide a nastavte na 135 F. Ochuťte maso solí a vložte do 3 vakuově uzavřených sáčků. Uvolněte vzduch pomocí metody vytlačení vody a utěsněte sáčky. Namočte do vodní lázně. Nastavte časovač na 3 hodiny a vařte.

Když se časovač zastaví, maso vyjměte, sceďte a dochuťte pepřem a solí. Na pánvi rozehřejte olej na středním plameni, dokud se z něj nezačne kouřit. Přidejte filet, máslo, česnek a tymián. Smažíme 3 minuty z každé strany. Během pečení ještě pokapejte trochou másla. Filet nakrájíme na požadované plátky.

Telecí plec s houbami

Příprava + doba vaření: 6 hodin 15 minut | Porce: 3

Ingredience:

1 libra hovězí plec
1 střední mrkev, nakrájená na plátky
1 velká cibule nakrájená
¾ šálku žampionů, nakrájených na plátky
1 šálek hovězího vývaru
2 lžíce olivového oleje
4 jemně nasekané stroužky česneku
Sůl a černý pepř podle chuti

adresy:

Připravte si vodní lázeň a umístěte do ní Sous Vide. Nastavte na 136 F. Vložte hovězí svíčkovou do velkého uzavíratelného sáčku spolu s nakrájenou mrkví a polovinou vývaru. Uzavřený sáček ponořte do vodní lázně a vařte 6 hodin. Když se časovač zastaví, vyjměte maso ze sáčku a osušte.

V hrnci rozehřejte olivový olej a přidejte cibuli a česnek. Smažte, dokud nebude průhledná, 3-4 minuty. Přidejte hovězí plec, zbývající vývar, 2 hrnky vody, houby, sůl a pepř. Přiveďte k varu a snižte teplotu na minimum. Za stálého míchání vaříme dalších 5 minut.

Houby plněné rajčaty

Příprava + doba vaření: 60 minut | Porce: 4

Ingredience:

2 libry cremini houby
1 žlutá paprika, jemně nasekaná
2 střední rajčata, oloupaná a nadrobno nakrájená
2 cibule, nakrájené nadrobno
1 ¾ šálku libového mletého hovězího masa
3 lžíce olivového oleje
Sůl a černý pepř podle chuti

adresy:

Připravte si vodní lázeň a umístěte do ní Sous Vide. Nastavte na 131 F. Vařte houby a vývar. Nakrájejte stonky hub. Ve velké pánvi rozehřejte 2 lžíce olivového oleje. Přidejte cibuli a smažte 1 minutu.

Nyní přidejte mleté hovězí maso a za stálého míchání ještě pár minut opékejte. Přidejte stonky hub, rajčata, papriku, sůl a černý pepř a dále restujte další 3 minuty.

Kloboučky hub položte na čistou pracovní plochu a postříkejte zbylým olejem. Přidejte masovou směs do každého víka a vložte do velkého vakuového sáčku v jedné vrstvě. Uvolněte vzduch pomocí metody vytlačení vody, utěsněte a ponořte sáček do vodní lázně. Nastavte časovač na 50 minut.

Když se časovač zastaví, vyjměte houby ze sáčku. Přeneste na servírovací talíř. Nalijte zbývající houbovou šťávu v sáčku. Podáváme se salátem.

Klasický hovězí guláš

Příprava + doba vaření: 3 hodiny 15 minut | Porce: 4

Ingredience:

1 libra hovězího krku, nakrájená na malé kousky
½ velkého lilku nakrájeného na plátky
1 šálek pečených rajčat
1 šálek hovězího vývaru
½ šálku bordó
¼ šálku rostlinného oleje
5 kuliček pepře, celých
2 lžíce nesoleného másla
1 bobkový list, celý
1 polévková lžíce rajčatového protlaku
½ lžičky kajenského pepře
¼ lžičky chilli (volitelně)
1 lžička soli
čerstvou petrželkou na ozdobu

adresy:

Připravte si vodní lázeň a umístěte do ní Sous Vide. Nastavte na 135 F. Opláchněte maso pod studenou tekoucí vodou.

Osušte kuchyňským papírem a položte na čistou pracovní plochu. Ostrým nožem nakrájejte na malé kousky.

Ve velké misce smíchejte Bordeaux s olejem, kuličkami pepře, bobkovými listy, kajenským pepřem, chilli papričkou a solí. Maso namočte do této směsi a dejte na 2 hodiny do lednice. Maso vyjměte z marinády a osušte kuchyňským papírem. Zarezervujte si tekutinu. Vložte do velkého vakuově uzavřeného sáčku. Uzavřete sáček.

Uzavřený sáček ponořte do vodní lázně a vařte 1 hodinu. Vyjměte z vodní lázně, vyhoďte bobkový list a přendejte do hlubokého hrnce s těžkým dnem. Přidejte máslo a na středním plameni zlehka rozpusťte. Přidejte lilek, rajčata a ¼ šálku marinády. Za stálého míchání vaříme dalších 5 minut. Ochutnáme, dochutíme a podáváme ozdobené čerstvou nasekanou petrželkou.

česnekové hamburgery

Příprava + doba vaření: 70 minut | Porce: 4

Ingredience:

1 libra libového mletého hovězího masa

3 stroužky česneku, nakrájené

2 lžíce strouhanky

3 rozšlehaná vejce

4 housky na hamburgery

4 křupavé listy salátu

4 plátky rajčat

¼ šálku namočené čočky

¼ šálku oleje, rozděleného na polovinu

1 polévková lžíce jemně nasekaného koriandru

Sůl a černý pepř podle chuti

adresy:

Připravte si vodní lázeň, umístěte do ní Sous Vide a nastavte ji na 139F.

Mezitím si v míse smícháme čočku s masem, česnekem, koriandrem, strouhankou, vejci a třemi lžícemi oleje. Dochuťte solí a černým pepřem. Rukama tvarujte placičky a pokládejte na lehce pomoučněnou pracovní plochu. Opatrně vložte každou placičku do vakuově uzavřeného sáčku a pevně uzavřete. Ponoříme do vodní lázně a vaříme 1 hodinu.

Když se časovač zastaví, opatrně vyjměte brownies ze sáčku a osušte je papírovou utěrkou. Odložit. Ve velké pánvi rozehřejte zbývající olej. Burgery grilujte 2–3 minuty z každé strany, aby byly křupavější. Burgery pokapejte oblíbenou omáčkou a přendejte na housky. Ozdobte jako u salátu a rajčat a ihned podávejte.

dušené hovězí mleté maso

Příprava + doba vaření: 60 minut | Porce: 3

Ingredience:

4 střední lilky, nakrájené na polovinu
½ šálku libového mletého hovězího masa
2 střední rajčata, nakrájená
¼ šálku extra panenského olivového oleje
2 lžíce jemně nasekaných pražených mandlí
1 polévková lžíce najemno nakrájených čerstvých celerových listů
Sůl a černý pepř podle chuti
1 lžička tymiánu

adresy:

Připravte si vodní lázeň a umístěte do ní Sous Vide. Nastavte na 180 F. Lilek rozkrojte podélně napůl. Maso vydlabeme a přendáme do mísy. Bohatě posypte solí a nechte deset minut působit.

Na středním plameni rozehřejte 3 lžíce oleje. Lilky krátce opečte 3 minuty z každé strany a vyjměte z pánve. Použijte kuchyňský papír, abyste absorbovali přebytečný olej. Odložit.

Do stejné pánve přidejte mleté hovězí maso. Dusíme 5 minut, přidáme rajčata a dusíme, dokud rajčata nezměknou. Přidejte lilek, mandle a listy celeru a vařte 5 minut. Vypněte oheň a přidejte tymián.

Vše přeneste do velkého vakuově uzavřeného sáčku. Uvolněte vzduch pomocí metody vytlačení vody, utěsněte a ponořte sáček do vodní lázně. Nastavte časovač na 40 minut.

Když se časovač zastaví, vyjměte sáček a nalijte obsah do velké mísy. Ochutnejte a upravte koření. Podávejte ozdobené petrželkou, pokud chcete.

Hovězí svíčková v rajčatové omáčce

Příprava + doba vaření: 2 hodiny 5 minut | Porce: 3

Ingredience:

1 libra medailonů z hovězí svíčkové
1 šálek pečených rajčat
1 lžička feferonkové omáčky
3 stroužky česneku, nakrájené
2 lžičky chilli
2 lžičky česnekového prášku
2 lžičky čerstvé limetkové šťávy
1 bobkový list
2 lžičky rostlinného oleje
Sůl a černý pepř podle chuti

adresy:

Připravte si vodní lázeň, vložte do ní Sous Vide a nastavte ji na 129 F. Maso ochuťte solí a černým pepřem.

V misce smícháme na plameni pečená rajčata s chilli omáčkou, prolisovaným česnekem, chilli papričkou, česnekovým práškem a limetkovou šťávou. Do směsi přidejte panenku a promíchejte, aby se obalila. Vložte do vakuově uzavřeného sáčku v jedné vrstvě a utěsněte. Ponoříme do vodní lázně a vaříme 2 hodiny.

Když se časovač zastaví, vyjměte medailonky a osušte je. Bobkový list vyhoďte. Rezervujte si šťávy na vaření. Smažte na velmi horké pánvi asi 1 minutu. Podáváme s omáčkou a bramborovou kaší.

Telecí maso s cibulí

Příprava + doba vaření: 1 hodina 15 minut | Porce: 3

Ingredience:

¾ šálku libového hovězího masa, nakrájeného na malé kousky
2 velké cibule, oloupané a nakrájené nadrobno
¼ šálku vody
3 lžíce hořčice
1 lžička sójové omáčky
1 lžička sušeného tymiánu
2 polévkové lžíce rostlinného oleje
2 lžíce sezamového oleje

adresy:

Připravte si vodní lázeň a umístěte do ní Sous Vide. Nastavte na 136 F. Opláchněte maso a osušte papírovými utěrkami. Maso potřeme hořčicí a posypeme sušeným tymiánem.

Vložte do vakuově uzavřeného sáčku spolu se sójovou omáčkou, nakrájenou cibulí a sezamovým olejem. Uzavřete sáček. a ponoříme do lázně a vaříme 1 hodinu. Vyjměte z vodní lázně. Maso osušte papírovou utěrkou a dejte stranou.

Zahřejte rostlinný olej ve velké pánvi na středním ohni. Přidejte kousky hovězího masa a za stálého míchání restujte 5 minut. Odstraňte z ohně a podávejte.

česneková žebra

Příprava + doba vaření: 10 hodin 15 minut | Porce: 8

Ingredience:

3 lb. primární žebro, oříznuté
1 snítka rozmarýnu
1 snítka tymiánu
Sůl a černý pepř podle chuti
6 stroužků česneku
1 lžíce olivového oleje

adresy:

Připravte si vodní lázeň a umístěte do ní Sous Vide. Nastavte na 140 F. Hlavní žebro osolte a opepřete a vložte do vakuově uzavřeného sáčku s tymiánem a rozmarýnem. Uvolněte vzduch pomocí metody vytlačení vody, utěsněte a ponořte sáček do vodní lázně. Nastavte časovač na 10 hodin.

Když se časovač zastaví, vyjměte sáček. Stroužky česneku rozmačkáme na pastu, kterou potřeme maso. Na pánvi rozehřejeme olivový olej a maso na něm několik minut ze všech stran opečeme.

Hovězí steak s baby karotkou

Příprava + doba vaření: 2 hodiny 15 minut | Porce: 5

Ingredience:

2 libry hovězí svíčkové
7 baby karotek, nakrájených na plátky
1 nakrájená cibule
1 šálek rajčatové pasty
2 polévkové lžíce rostlinného oleje
2 lžíce čerstvé petrželky, nasekané nadrobno
Sůl a černý pepř podle chuti

adresy:

Připravte si vodní lázeň a umístěte do ní Sous Vide. Nastavte na 133 F. Opláchněte maso a osušte kuchyňským papírem. Ostrým nožem nakrájíme na malé kousky a dochutíme solí a pepřem.

Maso opečte na oleji na středním plameni na pánvi, znovu rovnoměrně opékejte 5 minut.

Nyní do pánve přidejte nakrájenou mrkev a cibuli, vařte do měkka, asi 2 minuty. Přidejte rajčatovou pastu, sůl a pepř. Přidejte ½ šálku vody.

Odstraňte z tepla a přeneste do velkého vakuově uzavíratelného sáčku v jedné vrstvě. Uvolněte vzduch pomocí metody vytlačení vody, utěsněte a ponořte sáček do vodní lázně. Nastavte časovač na 2 hodiny. Vyjměte sáček z lázně a přeneste obsah na servírovací talíř. Podáváme ozdobené čerstvou petrželkou.

Hovězí žebra na červeném víně

Příprava + doba vaření: 6 hodin 15 minut | Porce: 3

Ingredience:

1 libra hovězí žebra
¼ šálku červeného vína
1 lžička medu
½ šálku rajčatové pasty
2 lžíce olivového oleje
½ šálku hovězího vývaru
¼ šálku jablečného octa
1 nasekaný stroužek česneku
1 lžička papriky
Sůl a černý pepř podle chuti

adresy:

Připravte si vodní lázeň a umístěte do ní Sous Vide. Nastavte na 140 F. Opláchněte a osušte žebra. Dochuťte solí, pepřem a paprikou. Vložte do vakuově uzavřeného sáčku v jedné vrstvě spolu s vínem, rajčatovým protlakem, hovězím vývarem, medem a jablečným moštem. Uvolněte vzduch pomocí metody vytlačení vody, utěsněte a ponořte sáček do vodní lázně.

Nastavte časovač na 6 hodin. Osušte žebra. Tekutinu na vaření zlikvidujte.

Ve velké pánvi na středním plameni rozehřejte olivový olej. Přidejte česnek a smažte, dokud nebude průhledný. Přidejte žebra a opékejte 5 minut z každé strany.

Hovězí maso s pepřem

Příprava + doba vaření: 6 hodin 10 minut | Porce: 2

Ingredience:

1 libra hovězí svíčkové, nakrájená na malé kousky
1 velká cibule nakrájená nadrobno
1 lžíce rozpuštěného másla
1 lžíce čerstvé petrželky, nasekané nadrobno
1 lžička sušeného tymiánu, mletého
1 polévková lžíce čerstvě vymačkané citronové šťávy
1 polévková lžíce rajčatového protlaku
Sůl a černý pepř podle chuti

adresy:

Připravte si vodní lázeň a umístěte do ní Sous Vide. Nastavte na 158 F. Smíchejte všechny přísady kromě petržele ve velkém vakuově uzavřeném sáčku, dokud se dobře nespojí. Uvolněte vzduch pomocí metody vytlačení vody, utěsněte a ponořte sáček do vodní lázně. Nastavte časovač na 6 hodin.

Když se časovač zastaví, vyjměte jej z vodní lázně a otevřete sáček. Ihned podáváme ozdobené nasekanou čerstvou petrželkou.

hovězí stroganoff

Příprava + doba vaření: 24 hodin 15 minut | Porce: 4

Ingredience:

1 libra hovězí pečeně, nakrájená na kousky
½ cibule, nakrájená
1 libra hub, nakrájených na plátky
1 nasekaný stroužek česneku
¼ šálku bílého vína
4 polévkové lžíce řeckého jogurtu
½ šálku hovězího vývaru
1 lžíce másla
1 snítka čerstvé plocholisté petrželky
Sůl a černý pepř podle chuti

adresy:

Připravte si vodní lázeň a umístěte do ní Sous Vide. Nastavte na 140 F. Ochuťte maso solí a pepřem. Vložte do vakuově uzavřeného sáčku a pevně uzavřete. Ponoříme do ohřáté vody a vaříme 24 hodin.

Druhý den na pánvi na středním plameni rozpustíme máslo. Přidejte cibuli a česnek a vařte do změknutí, asi 3 minuty. Přidejte houby a vařte dalších 5 minut. Přidejte víno a vývar a vařte, dokud se směs nezredukuje na polovinu.

Přidejte maso a restujte další minutu. Ochutnejte a upravte koření. Podávejte horké s nasekanou čerstvou petrželkou.

Masové kousky s teriyaki omáčkou a semínky

Příprava + doba vaření: 70 minut | Porce: 2

Ingredience

2 telecí filé
½ šálku teriyaki omáčky
2 lžíce sojové omáčky
2 lžičky nasekané čerstvé chilli papričky
1½ lžičky opražených sezamových semínek
2 lžíce praženého máku
8 oz rýžové nudle
2 lžíce sezamového oleje
1 lžíce jemně nasekaného česneku

Adresy

Připravte si vodní lázeň a umístěte do ní Sous Vide. Nastavte na 134 F. Maso nakrájejte na kostky a vložte do vakuově uzavíratelného sáčku. Přidejte 1/2 šálku teriyaki omáčky. Uvolněte vzduch pomocí metody vytlačení vody, utěsněte a ponořte sáček do vodní lázně. Vařte 60 minut.

Smíchejte sójovou omáčku a chilli v misce. Do jiné misky přidejte mák. Po 50 minutách začněte vařit těstoviny. Scedíme je a přendáme do mísy. Když se časovač zastaví, vyjměte maso a vylijte veškerou šťávu z vaření. Na pánvi rozehřejte sezamový olej na vysokou teplotu a přidejte maso se 6 lžícemi teriyaki omáčky. Vařte 5 sekund. Podávejte v misce a ozdobte opraženými semínky.

Steak z citronu a pepře

Příprava + doba vaření: 2 hodiny 15 minut | Porce: 4

Ingredience:

2 lb. flank steak

1 lžíce limetkové kůry

1 nakrájený citron

½ lžičky kajenského pepře

1 lžička česnekového prášku

Sůl a černý pepř podle chuti

¼ šálku javorového sirupu

½ šálku kuřecího vývaru

adresy:

Připravte si vodní lázeň a umístěte do ní Sous Vide. Nastavte na 148 F. Smíchejte koření a kůru a potřete steak. Necháme asi 5 minut odstát.

Vyšleháme vývar a javorový sirup. Filety vložte do uzavíratelného sáčku a přidejte plátky citronu. Uvolněte vzduch pomocí metody vytlačení vody, utěsněte a ponořte sáček do vodní lázně. Nastavte časovač na 2 hodiny. Po dokončení vyjměte a přesuňte na gril a opékejte 30 sekund z každé strany. Ihned podávejte.

Hovězí a zeleninový guláš

Příprava + doba vaření: 4 hodiny 25 minut | Porce: 12

Ingredience:

16 oz hovězí svíčková, na kostky
4 nakrájené brambory
3 mrkve nakrájené na plátky
5 uncí šalotky, nakrájené na plátky
1 nakrájená cibule
2 stroužky česneku nakrájené
¼ šálku červeného vína
¼ šálku husté smetany
2 lžíce másla
1 lžička papriky
½ šálku kuřecího vývaru
½ lžičky kurkumy
Sůl a černý pepř podle chuti
1 lžička citronové šťávy

adresy:

Připravte si vodní lázeň a umístěte do ní Sous Vide. Nastavte na 155 F. Vložte maso do vakuově uzavřeného sáčku spolu se solí, pepřem, kurkumou, paprikou a červeným vínem. Masírujte, abyste dobře zakryli. Uvolněte vzduch pomocí metody vytlačení vody, utěsněte a ponořte sáček do vodní lázně. Nastavte časovač na 4 hodiny.

Mezitím dejte zbývající ingredience do dalšího uzavíratelného sáčku. Přikryjte a ponořte do stejné lázně 3 hodiny před koncem pečení masa. Po dokončení vše vyjměte a vložte do hrnce na střední teplotu a vařte 15 minut.

Pikantní hovězí steak

Příprava + doba vaření: 2 hodiny 10 minut | Porce: 5

Ingredience:

2 libry hovězí svíčkové
3 lžíce olivového oleje
2 lžičky citronové kůry
½ lžičky pepře
1 lžička oregana
1 lžíce másla
¼ lžičky vloček červené papriky

adresy:

Připravte si vodní lázeň a umístěte do ní Sous Vide. Nastavte na 130 F. Smíchejte všechno koření a vetřete do masa. Vložte do vakuově uzavřeného sáčku. Uvolněte vzduch pomocí metody vytlačení vody, utěsněte a ponořte sáček do vodní lázně. Nastavte časovač na 2 hodiny.

Když se časovač zastaví, vyjměte sáček a nakrájejte steak na 5 stejných kusů. Smažte na pánvi na středním plameni asi 30 sekund ze všech stran.

Worcestershire Meat Pie

Příprava + doba vaření: 2 hodiny 15 minut | Porce: 4

Ingredience:

1 libra mletého hovězího masa

1 hrnek strouhanky

1 nakrájená cibule

1 vejce

1 šálek jogurtu

1 nasekaný stroužek česneku

Sůl a černý pepř podle chuti

Poleva:

1 lžíce rajčatové omáčky

2 lžičky hnědého cukru

2 lžíce worcesterské omáčky

adresy:

Připravte si vodní lázeň a umístěte do ní Sous Vide. Nastavte na 170 F. Smíchejte všechny ingredience na sekanou v misce. Míchejte rukama, dokud se úplně nespojí, vložte do vakuového sáčku a vytvarujte poleno. Uvolněte vzduch pomocí metody vytlačení vody, utěsněte a ponořte sáček do vodní lázně. Nastavte časovač na 2 hodiny.

Když se časovač zastaví, vyjměte sáček a přeneste jej do pekáče. Suroviny na polevu protřepeme a namažeme na karbanátek. Grilujte do změknutí.

Opilý rostbíf

Příprava + doba vaření: 2 hodiny 15 minut | Porce: 4

Ingredience:

1 libra hovězí svíčkové
1 šálek červeného vína
2 lžičky másla
1 lžička cukru
Sůl a černý pepř podle chuti

adresy:

Připravte si vodní lázeň a umístěte do ní Sous Vide. Nastavte na 131 F. Smíchejte červené víno s kořením a nalijte do vakuově uzavřeného sáčku. Vložte maso dovnitř. Uvolněte vzduch pomocí metody vytlačení vody, utěsněte a ponořte sáček do vodní lázně. Nastavte časovač na 2 hodiny. Když se časovač zastaví, vyjměte sáček. Na pánvi rozpustíme máslo a maso na něm pár minut ze všech stran opečeme.

Vynikající steaková rolka se sýrem

Příprava + doba vaření: 75 minut | Porce: 4

Ingredience

2 papriky, nakrájené na tenké plátky
½ červené cibule, nakrájené na tenké plátky
2 lžíce olivového oleje
Sůl a černý pepř podle chuti
1 libra vařeného flank steaku, nakrájeného na tenké plátky
4 měkké hoagie bochánky
8 plátků sýra čedar

Adresy

Připravte si vodní lázeň a umístěte do ní Sous Vide. Nastavte na 186 F. Vložte papriku, cibuli a olivový olej do uzavíratelného sáčku. Dochuťte solí a pepřem. Uvolněte vzduch pomocí metody vytlačení vody, utěsněte a ponořte sáček do vodní lázně. Vařte 60 minut.

Po 55 minutách vložte propečený steak dovnitř a ponořte. Vařte dalších 5 minut. Po dokončení vyjměte sáček a rezervujte. Předehřejte troubu na 400 F. Housky rozkrojte napůl a posypte sýrem. Pečte 2 minuty. Přendáme na talíř a poklademe paprikou, steakem a cibulí.

Honey-Dijon hruď

Příprava + doba vaření: 48 hodin 20 minut | Porce: 12

Ingredience

6 liber hovězího hrudníku
2 lžíce olivového oleje
4 velké šalotky, nakrájené
4 stroužky česneku, oloupané a nakrájené
¼ šálku jablečného octa
½ šálku rajčatové pasty
½ šálku medu
¼ šálku dijonské hořčice
2 šálky vody
1 lžíce celého černého pepře
2 sušené bobule nového koření
Sůl podle chuti

Adresy

Připravte si vodní lázeň a umístěte do ní Sous Vide. Nastavte na 155F.

Na pánvi rozehřejte olivový olej na vysokou teplotu a opečte hrudí z obou stran, dokud nezhnědne. Odložit. Ve stejné pánvi vařte šalotku a česnek na středním plameni po dobu 10 minut.

Smíchejte ocet, med, rajčatový protlak, hořčici, pepř, vodu, nové koření a hřebíček. Přidejte šalotkovou směs. Dobře promíchejte. Vložte hrudí a směs do vakuově uzavřeného sáčku. Uvolněte vzduch pomocí metody vytlačení vody, utěsněte a ponořte sáček do vodní lázně. Vařte 48 hodin.

Když se časovač zastaví, vyjměte sáček a maso osušte. Šťávu nalijte do hrnce na vysokou teplotu a vařte, dokud se omáčka nezredukuje na polovinu, 10 minut. Podávejte s hrudí.

Ribeye Stew s rozmarýnem

Příprava + doba vaření: 6 hodin 35 minut | Porce: 12

Ingredience

3 libry hovězího s kostí

Sůl a černý pepř podle chuti

1 lžíce zeleného pepře

1 polévková lžíce sušených celerových semínek

2 lžíce česnekového prášku

4 snítky rozmarýnu

1 lžíce kmínu

1 šálek hovězího vývaru

2 bílky

Adresy

Maso marinujte solí. Necháme 12 hodin chladnout. Připravte si vodní lázeň a umístěte do ní Sous Vide. Nastavte na 132 F. Vložte maso do vakuově uzavřeného sáčku. Uvolněte vzduch pomocí metody vytlačení vody, utěsněte a ponořte sáček do vodní lázně. Vařte 6 hodin.

Předehřejte troubu na 425 F. Když se časovač zastaví, vyjměte maso a osušte. Smíchejte papriku, celerová semínka, česnekový prášek, kmín a rozmarýn. Roštěnku potřeme rozšlehaným vejcem, celerovou směsí a solí. Uvařenou dáme na plech a pečeme 10 minut. Necháme 10 minut vychladnout a nakrájíme na plátky. Maso dáme na talíř a přelijeme omáčkou.

Božská panenka s batátovým pyré

Příprava + doba vaření: 1 hodina 20 minut | Porce: 4

Jopřísad

4 steaky ze svíčkové
2 libry sladkých brambor, nakrájených na kostičky
¼ šálku steakového koření
Sůl a černý pepř podle chuti
4 lžíce másla
řepkový olej na smažení

Adresy

Připravte si vodní lázeň a umístěte do ní Sous Vide. Nastavte na 129 F. Vložte ochucený filet do vakuově uzavíratelného sáčku. Uvolněte vzduch pomocí metody vytlačení vody, utěsněte a ponořte sáček do vodní lázně. Vařte 1 hodinu.

Brambory vařte 15 minut. Scedíme a přendáme do máslem vymazané mísy. Promícháme a dochutíme solí a pepřem. Když se časovač zastaví, vyjměte filet a osušte. V hrnci na středním plameni rozehřejte olej. Brown po dobu 1 minuty. Podáváme s bramborovou kaší.

Telecí koláč s houbami

Příprava + doba vaření: 2 hodiny 40 minut | Porce: 4

Jopřísad

1 libra steak z hovězí svíčkové

Sůl a černý pepř podle chuti

2 lžíce dijonské hořčice

1 plát listového těsta, rozmražený

8 uncí cremini houby

8 uncí hub shiitake

1 šalotka, nakrájená na kostičky

3 stroužky česneku nasekané

1 lžíce másla

6 plátků slaniny

Adresy

Připravte si vodní lázeň a umístěte do ní Sous Vide. Nastavte na 124 F. Maso osolte a opepřete a vložte do vakuově uzavřeného sáčku. Uvolněte vzduch pomocí metody vytlačení vody, utěsněte a ponořte sáček do vodní lázně. Vařte 2 hodiny. Vložte houby do kuchyňského robotu a rozmixujte na pyré.

Na rozpálené pánvi orestujeme šalotku a česnek, když je měkký, přidáme houby a vaříme, dokud se voda neodpaří. Přidejte 1 lžíci másla a vařte. Když se časovač zastaví, vyjměte maso a osušte.

Na pánvi rozehřejte olej na středním plameni a maso na něm opékejte 30 sekund z každé strany. Maso potřeme dijonskou hořčicí. Plátky šunky Serrano a slaniny položte na plastovou fólii. Nahoru položte maso. Srolujte je a nechte 20 minut vychladnout. Listové těsto rozválíme a potřeme vejcem. Vložte hovězí maso dovnitř. Předehřejte troubu na 475 F a pečte 10 minut. Nakrájejte a podávejte.

Klasické cheeseburgery

Příprava + doba vaření: 1 hodina 15 minut | Porce: 4

Ingredience

1 libra mletého hovězího masa
2 hamburgerové housky
2 plátky sýra čedar
Sůl a černý pepř podle chuti
Máslo na opékání

Adresy

Připravte si vodní lázeň a umístěte do ní Sous Vide. Nastavte na 137 F. Maso osolte a opepřete a vytvarujte placičky. Vložte do vakuově uzavřeného sáčku. Uvolněte vzduch pomocí metody vytlačení vody, utěsněte a ponořte sáček do vodní lázně. Vařte 1 hodinu.

Mezitím si rozpálíme pánev a na másle opečeme housky. Když se časovač zastaví, vyjměte koláče a přeneste je na pánev. Opékejte 30 sekund na každé straně. Posypte burger sýrem a pečte, dokud se nerozpustí. Umístěte burger mezi housky a podávejte.

www.ingramcontent.com/pod-product-compliance
Lightning Source LLC
Chambersburg PA
CBHW050347120526
44590CB00015B/1599